中等职业教育物流专业系列教材

仓储实务

CANGCHU SHIWU

◎主　编　杜凤顺
◎副主编　严晓红

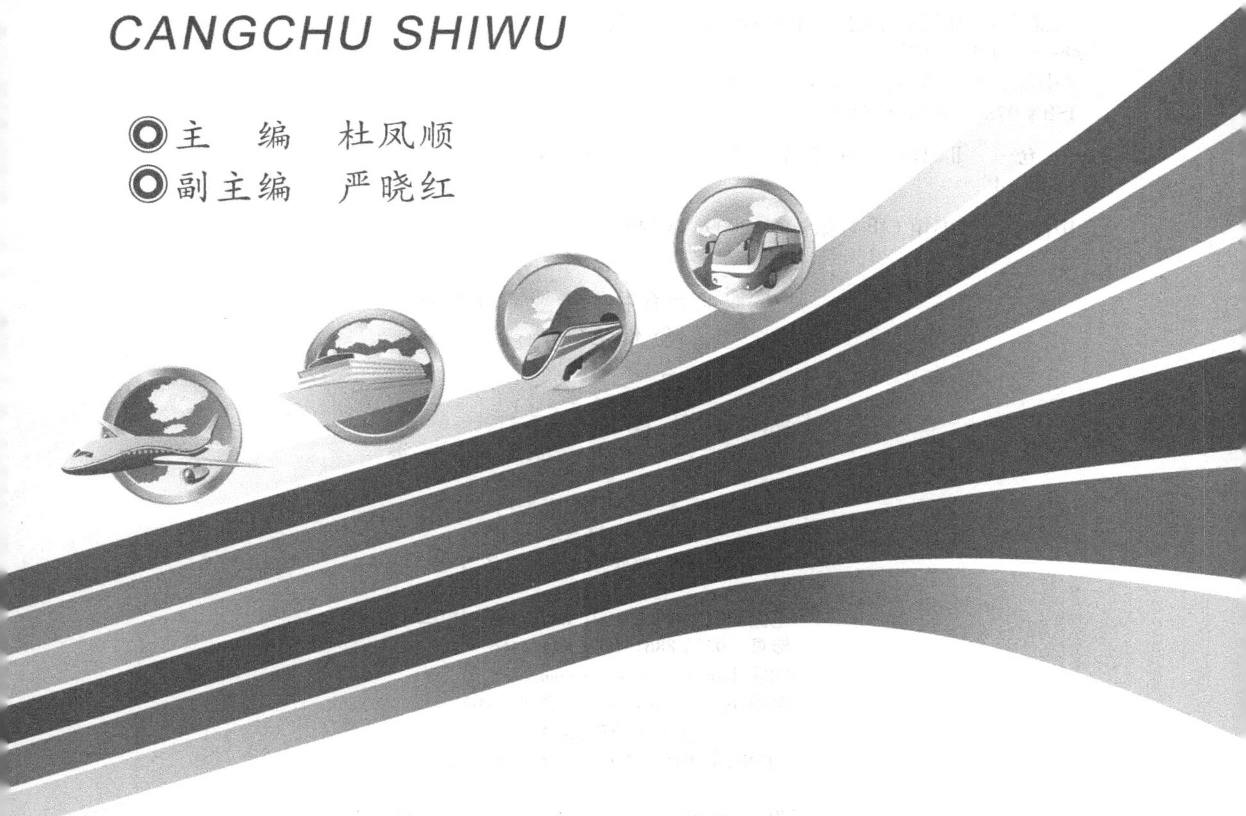

重庆大学出版社

内 容 提 要

本书以《中等职业学校物流专业紧缺人才培养培训教学指导方案》为指导，介绍了仓储和仓储管理、仓库设施与设备、仓储作业过程、库存控制、仓储经营管理、仓储经济分析、仓储安全管理、仓储保税制度等方面的知识。作者在编写本书的过程中，注重理论联系实际、校企合作、工学结合，依据岗位的实际要求和职业资格标准，系统分析和编写相关内容。

本书着重从操作层面出发，注重实务，作为中等职业学校物流专业的学生教材，也可作为物流行业的广大从业人员的职业培训用书。

图书在版编目(CIP)数据

仓储实务/杜风顺主编. —重庆:重庆大学出版社,
2009.8(2021.1 重印)
(中等职业教育物流专业系列教材)
ISBN 978-7-5624-5051-1

Ⅰ.仓… Ⅱ.杜… Ⅲ.仓库管理—专业学校—教材
Ⅳ.F253.4

中国版本图书馆 CIP 数据核字(2009)第 142833 号

中等职业教育物流专业系列教材
仓储实务
主　编　杜风顺
副主编　严晓红
责任编辑:马　宁　覃　娟　　版式设计:马　宁
责任校对:秦巴达　　责任印制:张　策
*
重庆大学出版社出版发行
出版人:饶帮华
社址:重庆市沙坪坝区大学城西路 21 号
邮编:401331
电话:(023) 88617190　88617185(中小学)
传真:(023) 88617186　88617166
网址:http://www.cqup.com.cn
邮箱:fxk@cqup.com.cn (营销中心)
全国新华书店经销
POD:重庆新生代彩印技术有限公司
*
开本:720mm×960mm　1/16　印张:15　字数:269千
2009 年 8 月第 1 版　2021 年 1 月第 2 次印刷
ISBN 978-7-5624-5051-1　定价:39.00元

编委会

总序

中等职业学校物流专业教育在我国蓬勃发展已5年有余，各开办学校在贯彻教育部、劳动和社会保障部及中国物流与采购联合会制订的《中等职业学校物流专业紧缺人才培养培训教学指导方案》过程中，不断采用新的职教方法，课程体系内容也更加接近企业用工实际，教育部中职教材出版基地——重庆大学出版社组织全国一批优秀的中等职业学校和企业界的专家共同编写了这套中职物流专业系列教材。

本套教材在培养目标与规格上与《中等职业学校物流专业紧缺人才培养培训教学指导方案》保持一致，力图紧紧围绕培养现代物流企业一线操作型人才为核心，以行动导向教育理念为指导，贴近物流企业工作实际，方便教师组织教学。

本套教材的编写思路是，突破传统学科体系，以物流企业岗位为主线，以任务引导展开各岗位的应知与应会，具体写作中将本专业公共素质类知识用综合课程涵盖，其内容兼容职业资格证的内容。而具体岗位类课程以实务为主，实务中突出具体任务要求及做法，同时每个任务后都布置了相应的实训内容用以巩固课堂所学。

本套教材每一分册均由若干任务构成，每个任务由以下模块构成：

教学要求:指明本任务所要达成教学目标。

学时建议:建议本任务采用的课型与课时,为教师整体规划本任务教学提供参考。

导 学 语:用图文并茂对话形式,引起学生对本任务的重视。

卷首案例:用生动有趣的案例故事,引入学习内容。

学 一 学:完成本任务所需要掌握的必备知识。

做 一 做:通过案例阅读与分析巩固必备知识,实训活动组织与实施则是检查学生技能掌握程度的途径。

任务回顾:小结本任务基本知识与技能。

名词速查:方便学生熟记最基本专业名词。

任务检测:通过单选、多选、判断及思考等题型的练习,巩固所学知识,自我检查任务完成情况。

参考答案:对任务检测中的习题给出参考答案,方便学生自测。

本套教材作者均由中等职业学校一线骨干教师组成,对职业教育新观点、新理念、新方法均有自己独到的见解,他们将自己宝贵的教学实践活动融入到一个个任务分析与解决方案上,他们的探索应该说还是一个创新,但相信也会有一些值得商榷和不完善的地方,希望各位同仁提出宝贵意见!

编委会

2009 年 7 月

前言

仓储是现代物流的一个重要环节。仓库是物流企业的一个重要部门。提高仓库运作效率和改变仓库管理技术是现代物流重要任务之一。作为物流的基础环节和基础功能，仓储管理技术的高低将在很大程度上影响运作效率的高低，从而影响仓储管理的成本。

《仓储实务》是中等职业学校物流专业仓储与配送专业方向的专业课教材。学生在学习物流专业核心课程的基础上，通过对本教材的学习，培养通用仓储作业岗位的基本职业能力。

本书以就业为导向，以能力为本位，作者在编写本书的过程中，注重理论联系实际、校企合作、工学结合，依据岗位的实际要求和职业资格标准，系统分析和编写相关内容。

本书的特点是：以培训学生的职业技能为主，内容通俗易懂，形式新颖活泼，每项学习任务尽量穿插“小贴士”“小链接”等内容，增加了教材的可读性和趣味性，具有实用性和可操作性的特点。

参加编写的人员有：石家庄铁路运输学校杜凤顺（编写任务1、任务3）、崔亚南（编写任务2、任务7）、甄御婷（编写任务8），成都铁路运输学校严晓红（编写任务5、任务6）、乔子迁（编写任务4）。本书由武汉市财政学校郑彬担任主审，杜凤顺担任主编，严晓红担任副主编。

本书在编写过程中，参阅了大量的国内外与仓储有关的论著与资料，在此，对各位专家和学者表示最诚挚的谢意。同时，石家庄铁路运输学校、成都铁路运输学校等学校的老师给予了大力帮助，提出了许多宝贵意见，在此表示衷心的感谢。

限于编者的经历和水平，书中难免存在不足之处，恳请广大同仁提出宝贵意见，以便再版时更正。

编　者

2009 年 5 月

目 录

任务5　掌握仓储经营管理

任务6　学会仓储经济分析

任务7　牢记仓储安全管理

任务8　了解仓储保税制度(选学)

附　录

参考文献

任务 1
认识仓储和仓储管理

教学要求

1. 理解仓储的含义、仓储管理的含义；

2. 清楚仓储的作用、种类；

3. 描述仓储的功能；

4. 陈述仓储管理的基本任务、基本原则；

5. 理解仓储在物流管理中的地位和作用。

学时建议

知识性学习 4 课时；

实训 2 课时。

【导学语】

你知道什么是仓储吗？仓储在我国现代物流管理中的作用是什么呢？

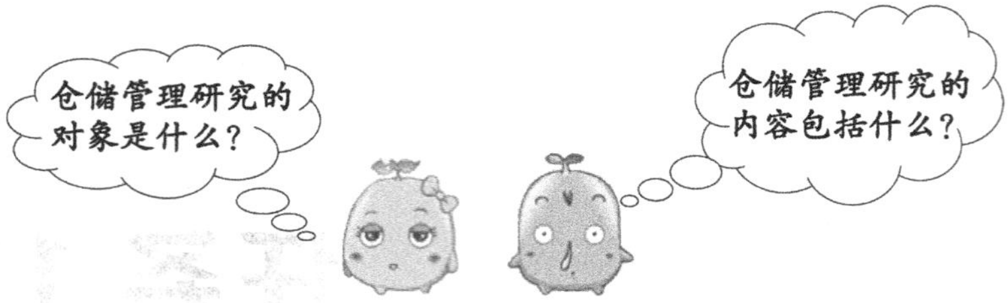

【学一学】

在现代经济社会中，经济活动和人们生产生活的不均衡和不同步现象普遍存在，致使许多产品都需要经过一定时间的仓储，才能进入消费领域。因此，仓储起着缩短产品生产与消费时间间隔的作用。此外，出于一些特殊需要或防止地震、水灾、旱灾、虫灾、风灾等自然灾害，也需要进行一定的物资储备，这也属于“仓储”。

1.1 仓储和仓储业

1.1.1 仓储的定义

“仓”也称为仓库，是存放物品的建筑物或场地，它可以是房屋建筑、大型容器、洞穴或其他特定的场地，具有存放和保护物品的功能；“储”表示收存以备使用，具有收存、保管、交付使用的意思。“仓储”则指利用仓库存放、储存未使用物品的行为。简言之，仓储就是在特定的场所储存物品的行为。

仓储是伴随社会生产的产品剩余和产品流通的需要而产生的。在原始社会，已经出现了存放多余猎物和食物的场所；进入资本主义社会后，随着商品生产和物流业的快速发展，产生了具有现代意义上的仓库；作为经济领域专事仓储的行业——仓储业也伴随商品生产的发展而诞生。当人类进入21世纪之后，作为物流系统重要环节的仓储正在发生着巨大变革，成为“第三利润”的重要来源。

1.1.2 仓储的功能

1）仓储是保证社会再生产过程顺利进行的必要条件

货物的仓储过程不仅是商品流通过程顺利进行的必要保证，也是社会在生产过程得以进行的保证。现代社会,劳动生产率非常高,产量巨大,绝大多数产品都不能被即时消费,需要经过仓储的手段进行储存,这样才能避免生产过程被堵塞,以保证生产过程能够连续进行。另一方面,生产所使用的原料、材料等需要有合理的储备,才能保证及时供应,满足生产的需要。

2)调整生产和消费的时间差,维持市场稳定

人们需求的持续性与产品的季节性、批量性生产的集中供给之间存在供需时差,通过仓储将集中生产的产品进行储存,持续地向消费者提供,才能保证不断满足消费者的需求。

另一方面,集中生产的产品如果即时推向市场销售,必然造成市场短时期内产品供给远远大于需求,造成产品价格大幅度降低,甚至无法消费而被废弃;相反,非供应季节,市场供应量少而价高。通过将产品仓储,均衡地向市场供给,才能稳定市场,有利于生产的持续进行。

3)劳动产品价值保存的作用

生产出来的产品在消费之前必须保持其使用价值,否则将会被废弃。这项任务就需要由仓储来承担,在仓储过程中对产品进行保护、管理,防止损坏而丧失价值。

同时,仓储是产品走向消费的一道重要的作业环节,可以根据市场对产品消费的偏好,对产品进行最后加工改造和进行流通加工,提高产品的附加值,以促进产品销售,甚至增加收益。

4)流通过程的衔接

产品从生产到消费,需要经过分散—集中—分散的过程,还可能需要经过不同运输工具的转换运输,为了有效地利用各种运输工具,降低运输过程中的作业难度,实现经济运输,物品需要通过仓储进行候装、配载、包装、成组、分批、疏散等。为了满足销售的需要,商品在仓储中进行整合、分类、拆除包装、配送等处理和存放。

存放在仓库里的商品,还可以提供给购买方进行查看,这也是大多数现货交易的方法。因而仓储具有商品陈列的功能。

5)市场信息的传感器

任何产品的生产都必须满足社会的需要,而生产者需要把握市场需求的动向。把握社会仓储产品的变化是了解市场需求极为重要的途径。仓储量减少、周转量

加大，表明社会需求旺盛；反之则为需求不足。厂家存货增加表明其产品需求减少或者竞争力降低，或者生产规模不合适。仓储环节所获得的市场信息虽然比销售部门滞后，但更为准确和集中，信息反馈快捷，且信息成本很低。现代企业生产特别重视仓储环节的信息反馈，将仓储量的变化作为决定生产的参考依据。现代物流管理特别重视仓储信息的收集和反馈。

6）开展物流管理的重要环节

仓储是物流的重要环节，物品在物流过程中有相当一部分时间处在仓储之中，在仓储中进行运输整合，在仓储中进行配送准备，在仓储中进行流通加工，也在仓储中进行市场供给调整，仓储的成本是物流成本的重要组成部分。开展物流管理必须特别重视对仓储的管理，有效的仓储管理才能实现物流管理的目的。

7）提供信用保证

在大批量货物的实物交易中，购买方必须检验货物、确定货物的存在和货物的品质，方可成交。购买方可以到仓库查验货物。由仓库保管人出具的货物仓单是实物交易的凭证，可以作为对购买方提供的保证。仓单还可以作为融资工具，使用仓单进行质押。

8）现货交易的场所

存货人要转让已在仓库存放的商品时，购买人可以到仓库查验商品，取样化验。众多的批发交易市场，就是既有商品存储功能的交易场所，又有商品交易功能的仓储。许多具有便利交易条件的仓储都提供交易活动服务，甚至部分已形成有影响的交易市场。近年来我国大量发展的仓储式商店，就是仓储交易高度发展、仓储与商业密切结合的结果。

1.1.3　仓储种类的划分

仓储的本质是为了储藏和保管，但由于经营主体、仓储对象、经营方式和仓储功能的不同使得不同的仓储活动具有不同的特征。

1）按仓储经营主体划分

（1）企业自营仓储

企业自营仓储包括生产企业和流通企业的自营仓储。生产企业自营仓储指生产企业使用自有的仓库设施对生产使用的原材、生产的中间件、最终产品实施储存保管的行为。其储存的对象较为单一,以满足生产为原则。流通企业自营仓储则指流通企业以其拥有的仓储设施对其经营的商品进行仓储保管的行为。其仓储对象较多,目的是支持销售。

企业自营仓储行为不具有独立性,仅仅是为企业的产品生产或经营活动服务。相对来说,规模小、数量多、专业性强,而仓储专业化程度低,设施简陋。一般为自用仓库,不开展商业性仓储经营。

(2)商业营业仓储

商业营业仓储是指仓储经营人以其拥有的仓储设施,向社会提供商业性仓储服务的仓储。仓储经营人与存货人通过订立仓储合同的方式建立仓储关系,并依合同约定提供服务和收取仓储费。商业仓储的目的是在仓储活动中获得经济回报,实现经营利润最大化。它主要有提供货物仓储服务和提供仓储场地服务两种形式。

(3)公共仓储

公共仓储是指公用事业的配套服务设施,为车站、码头提供仓储配套服务。其运作的主要目的是保证车站、码头的货物作业,具有内部服务的性质,处于从属地位。但对于存货人而言,公共仓储也适用于营业仓储关系,只是不独立订立仓储合同,而是将关系列在作业合同之中。

(4)战略储备仓储

战略储备仓储是指国家根据国防安全、社会稳定的需要,对战略物资实行储备而产生的仓储。战略储备由国家政府进行控制,通过立法、行政命令的方式进行。战略储备特别重视储备品的安全性,且储备的时间长。战略储备物资主要有粮食、石油、有色金属、淡水等。

2)按仓储对象划分

(1)普通物品仓储

普通物品仓储是指不需要特殊保管条件的物品仓储。一般的生产物资、生活用品、普通工具等杂货类物品,不需要针对货物设置特殊的保管条件,采取无特殊装备的通用仓库或货场存放。

(2)特殊物品仓储

在保管中有特殊要求和需要满足特殊条件的物品仓储,如危险品仓储、冷库仓储、粮食仓储等。特殊物品仓储一般为专用仓储,按物品的物理、化学、生物特性,以及相关法规规定进行仓库建设和实施管理。

3)按仓储功能划分

(1)储存仓储

储存仓储是指物资需较长时期存放的仓储。由于物资存放时间长,存储费用低廉就很有必要。储存仓储一般在较为偏远的地区进行。储存仓储的物资较单一,品种少,但存量大,且存期长,因此要特别注意物资的质量保管。

(2)物流中心仓储

物流中心仓储是指以物流管理为目的的仓储活动,是为了实现有效的物流管理,对物流的过程、数量、方向进行控制的环节,为实现物流的时间价值的环节。一般设在经济发达地区的中心,交通便利、储存成本较低。

(3)配送仓储

配送仓储也称配送中心仓储,是商品在配送交付消费者之前所进行的短期仓储,是商品在销售或者供生产使用前的最后储存,并在该环节进行销售或者使用的前期处理。配送仓储一般在商品的消费经济区域内进行。配送仓储物品品种繁多、批量少,在仓储实践中,往往需要进行拆包、分拣、组配等作业,主要目的是支持销售,注重对物品存量的控制。

(4)运输转换仓储

运输转换仓储用来衔接不同运输方式。在不同运输方式的交接处进行,如港口、车站库场所进行的仓储,是为了保证不同运输方式的高效衔接,减少货物的装卸和停留时间。运输转换仓储具有大进大出的特点,货物存期短,注重货物的周转作业效率。

4)按仓储物的处理方式划分

(1)保管式仓储

保管式仓储是指以保管物原样保持不变的方式所进行的仓储,也称为纯仓储。存货人将特定的物品交由保管人进行保管,到期保管人将原物交还存货人。保管物除了所发生的自然损耗和自然减量外,数量、质量、件数不发生变化。保管式仓储又分为仓储物独立保管仓储和将同类仓储物混合在一起的混藏式仓储。

(2)加工式仓储

加工式仓储是指保管人在仓储期间根据存货人的要求对保管物进行一定的加工的仓储方式。保管物在保管期间,保管人根据委托人的要求对保管物的外观、形状、成分构成、尺寸等进行加工,使仓储物发生委托人所希望的变化。

(3)消费式仓储

保管人在接受保管物时,同时接受保管物的所有权,保管人在仓储期间有权对仓储物行使所有权。在仓储期满,保管人将相同种类和数量的替代物交还给委托人。消费式仓储特别适合保管期较短(如农产品)、市场供应价格变化较大的商品的长期存放,具有一定的商品保值和增值功能,是仓储经营人利用仓储物开展经营的增值活动,已经成为仓储经营的重要发展方向。

1.1.4　仓储业

仓储业是指从事仓储经营活动的企业的总称。

1)我国仓储业发展历程

我国近代仓储业起源于商品流通领域。近代中国的商业性仓库也称为“堆栈”,即堆存和保管货物的场所。堆栈经营者将资金投入堆栈业,并配备一定的设备,专用于存放他人的货物,收取栈租。当时的堆栈根据其服务性质分为码头堆栈、铁路堆栈、保管堆栈、厂号堆栈、金融堆栈、海关堆栈等。在我国工商业发展较快的地区堆栈业也较发达。如在上海,1929 年已有大小仓库 40 多座,库房容量超过 90 万吨。

新中国成立后,政府在接收了旧中国官僚买办的堆栈,并在对私营仓库进行公私合营的基础上,建立和发展了新中国的仓储业。20 世纪 50 年代,各地纷纷建立了国营的商业性仓储公司,并成立了仓库同业公会,对仓储业起领导作用。1953 年,召开了全国第一届仓储会议,明确了国营商业仓库实行集中管理与分散管理结合的体制,即对于较大型的仓库由各地商业部门统一收回,交由仓储公司经营并与我国商业流通的三级批发管理体制相一致,形成层次清楚、大小规模配套、集中与分散相结合的仓储体系。

我国仓储业通过几十年的努力,已形成了相当的规模,并具有门类齐全的专业化的仓储。伴随着全球经济贸易一体化进程的加快,以及信息产业的迅速发展,现代物流也将在我国进入一个蓬勃发展时期,而这种发展也势必会对传统仓储业带来前所未有的冲击。如何面对这种挑战,尽快实现由传统仓储业向现代物流转化,已成为摆在仓储业面前的一个迫在眉睫的课题。

2)我国仓储业存在的问题

我国目前的仓储业,大多数仍处于粗放经营阶段,效率低、效益差,很难承担现代物流的任务。目前,我国仓储业存在以下几个问题:

（1）条块分割，具有明显的部门仓储业特征

由于我国较长时间实行计划经济体制，物资资源通过部门体制的方式分配，各部门为了占有和争取更多的物资资源，储存所获得的资源，均以部门体系的纵向方式部署仓储。形成了中央、地方、物资、商业、交通、农业、铁路、电力等部门体系的仓储结构，部门之间不发生横向交叉联系。因而造成了整体上的仓储互不衔接、功能重复、互不支持配套、重复建设严重的状况。

（2）仓库数量多，但布局不合理

由于部门行业的分头建设，不同部门、不同层次为了满足自身需要，广泛开展仓库建设。在经济发达地区，仓库高度集中，数量众多，且大都集中在交通中心附近，造成布局的不合理。仓储集中的地区仓储能力大量剩余，而其他一些地区却没有足够的仓储能力，特别是在经济落后地区，仓储能力的不足已严重地影响了经济的发展。

（3）存量巨大，但管理水平较低

总的说来，我国仓储潜力巨大，但仓储管理水平低下。一方面表现在仓储利用率低下，货物周转率低，物资流通速度慢，仓储保管能力差，货物损耗严重。另一方面，绝大多数仓储都没有仓储经营的能力，不能充分利用仓储资源为社会提供仓储服务，也没有利用仓储中的巨量沉淀资本为企业和社会创造经济价值。同时，长期形成的不重视仓储管理、对仓储管理的投入不够、仓储从业人员素质不高导致整体仓储管理水平低下。许多仓储企业还没有进行现代企业制度改造，没有真正成为独立的市场主体，还不能自主地经营仓储资源。

（4）仓库分散，技术水平差别很大

仓库建设和仓储管理源出多头，互相之间缺乏联系和配合，也没有形成专业性和功能性分工，大多数仓储的功能相似，用途相同；又由于仓储企业的经营管理水平低下，仓储自身发展能力很低，大多数仓储技术水平低下，机械化程度不足。而少数专业化、机械化、自动化程度很高的仓库，在整体上并没有发挥其应有的作用。

（5）仓储管理法规不健全

完善的法律制度是保障仓储业健康发展的重要保证。目前，我国关于仓储立法主要表现在民法通则中的物权规范、合同法的仓储合同及保管合同分则等，还没有完整的仓储法，对仓储经营中的一些经济行为也没有足够的法律支持。仓储企业通过法律手段保护自身的利益也做得远远不够，仓储内部的依法管理水平也比较低下。

1.1.5 我国现代仓储业发展策略

1）仓储社会化、功能专业化

目前我国仓储业效率低、设备利用率不高、作业条件差、缺乏自身发展能力，其根源在于条块分割、处于附属的地位、产权及企业体制的约束。在市场经济的环境中，仓储业只有依据"产权明晰、权责明确、政企分开、科学管理"的原则进行现代企业改造，建立科学先进的企业治理结构，成为自主经营、自负盈亏的市场竞争主体，才能彻底改变我国仓储业的不良状况。

另外，我国仓储业的低水平重复和功能接近的状况，只有通过分工和专业化的发展才能得以改变。社会对仓储的需要也像对其他社会资源的需要一样，向专业化、功能化、个性化方向发展。仓储业内部在市场竞争中也只有通过专业化的发展，提供个性化服务，才能提高效益，形成竞争的优势。

2）仓储标准化

仓储业是为物资流通提供服务，是物流和商流的具体操作环节。仓储与物流和商流的其他环节的有机配合，是提高整体物流和商流效率的重要措施，其中整体物流标准化是实现无缝结合的重要手段。物流标准化也就需要仓储标准化。仓储标准化不仅是为了实现仓储环节与其他环节的密切配合，同时也是仓储内部提高作业效率、充分利用仓储设施和设备的有效手段，是开展信息化、机械化、自动化仓储的前提条件。

仓储标准化主要包括：包装标准化、标志标准化、托盘成组标准化、容器标准化、计量标准化、条形码的采用、作业工具标准、仓储信息标准化等技术标准化，也包括服务标准化和单证报表、合同格式、仓单等文件标准化。

小贴士

标准化是指采用法律法规规定的标准或者社会普遍实行的习惯。主要有国际标准化组织（ISO）推荐的标准，国家质量技术监督局发布的中华人民共和国国家标准（GB），行业主管部门或者行业协会发布的行业标准，企业制定的企业标准。

3）仓储机械化、自动化

仓储作业大多具有负荷重、作业量大、时间紧、作业环境恶劣等特点，因而仓储机械化是仓储业发展的必然，通过机械化实现最少使用人力作业，加大作业集成度，减少人身伤害和货物损害，提高作业效率；另一方面，随着货物运输包装的大型化、托盘化的发展，仓储业也必然需要机械化作业来配合。

仓储自动化是指由计算机管理和控制的仓库的仓储。在自动化仓库中，货物的仓储管理、作业控制等仓储工作通过信息管理、条形码、扫描技术、射频技术、数据处理等技术指挥仓库堆垛机、传送带、自动导引车、自动分拣等自动化设备完成仓储作业，自动控制空调、制冷设备、监控设备进行环境管理，向运输设备下达运输指令安排运输等，并同时完成报表、单证的制作和传送。对危险品、冷库暖库、粮食等特殊仓储，采用自动化仓储很有必要。

4）仓储信息化、信息网络化

对于存量巨大、存货品种繁多的物流中心和配送中心，要提高仓库利用率，保持高效率的货物周转，实施精确的存货控制，没有计算机的信息管理和处理是不可想象的。仓储信息化管理包括通过计算机和相关信息输入输出设备，对货物识别、理货、入库、存放、出库等进行操作管理，进行账目处理、结算处理，提供实时查询，进行货位管理、存量控制，制作各种单证和报表，甚至进行自动控制等。仓储要提高效率、降低损耗、降低成本，就必须实行信息化。

仓储是物流的节点，是企业存货管理的核心环节，企业生产、经营的决策需要仓储及时和准确地反映存货信息，在充分掌握物资的储备、存量、存放地点、消费速度的情况下才能进行准确的生产和经营决策。有效的物流管理是建立在对物流的实时控制和支配的基础上，管理的决策应及时到达仓库，由仓库对物流进行控制和组织。要实现上述目的，就需要仓库、厂商、物流管理者、物资需求者、运输工具之间建立有效的信息网络，实现仓储信息共享，通过信息网络控制物流，做到仓储信息网络化。

5）管理科学化

仓储管理包括仓储的管理体制、管理组织、管理方法和管理目标等方面。从管理体制上的不同，仓储活动可以分为向社会提供仓储服务的商业仓储和为企业生产经营服务的企业自营仓储。无论管理体制如何，仓储管理都需要进行科学化管理，实现高效率、高效益的仓储。

1.2 仓储活动的意义与任务

1.2.1 仓储活动的意义

仓储活动是由商品生产和商品消费之间的矛盾所决定的。商品在从生产领域向消费领域转移过程中，一般都要经过商品的仓储阶段，这主要是由于商品生产和商品消费在时间上、空间上以及品种和数量等方面的不同步所引起的，也正是在这些不同步中，仓储活动发挥了重要的作用。

1）搞好仓储活动是社会再生产过程顺利进行的必要条件

商品由生产地向消费地转移，是依靠仓储活动来实现的。可见，仓储活动的意义正是由于生产与消费在空间、时间以及品种、数量等方面存在着矛盾所引起的。尤其是在社会化大生产的条件下，专业化程度不断提高，社会分工越来越细，随着生产的发展，这些矛盾又势必进一步扩大。因此，在仓储活动中不能采取简单地把商品生产和消费直接联系起来的办法，而需要对复杂的仓储活动进行精心组织，拓展各部门、各生产单位之间相互交换产品的深度和广度，在流通过程中不断进行商品品种上的组合，在商品数量上不断加以集散，在地域和时间上进行合理安排。通过搞活流通，搞好仓储活动，发挥仓储活动连接生产与消费的纽带和桥梁作用，借以克服众多的相互分立又相互联系的生产者之间、生产者与消费者之间地理上的分离，衔接商品生产与消费时间上的不一致，调节商品生产与消费在方式上的差异，使社会简单再生产和扩大再生产能建立在一定的商品资源的基础上，保证社会再生产顺利进行。具体来讲，仓储活动主要从以下几个方面保证社会再生产过程的顺利进行。

（1）克服生产与消费地理上的分离

从空间方面来说，商品生产与消费的矛盾主要表现在生产与消费地理上的分离。在自给自足的自然经济里，生产者同时就是其自身产品的消费者，其产品仅供本人和家庭消费。随着商品生产的发展，商品的生产者逐渐与消费者分离。生产的产品不再是为了本人的消费，而是为了满足其他人的消费需要。随着交换范围的扩大，生产与消费空间上的矛盾也逐渐扩大，这是由社会生产的客观规律所决定的。

（2）衔接生产与消费时间上的背离

商品的生产与消费之间，有一定的时间间隔。在绝大多数情况下，今天生产的商品不可能马上就全部卖掉，这就需要商品的仓储活动。有的商品是季节生产、常年消费；有的商品是常年生产、季节消费；也有的商品是季节生产、季节消费或常年生产、常年消费。无论何种情况，在产品从生产过程进入到消费过程之间，都存在一定的时间间隔。在这段时间间隔内，形成了商品流通的暂时停滞。商品在流通领域中的暂时的停滞过程就形成了商品的仓储。同时，商品仓储又是商品流通的必要条件，为保证商品流通过程得以继续进行，就必须有商品的仓储活动。为了使商品更加符合消费者的需求，许多商品在最终销售以前，要进行挑选、整理、分装、组配等工作。这样便有一定量的商品停留在这段时间内,也会形成商品储存。此外,在商品运输过程中,车、船等不同运输工具需要衔接,由于在时间上不可能完全一致,因此也会产生在途商品对车站、码头流转性仓库的储存要求。

(3)调节生产与消费方式上的差别

生产与消费的矛盾还表现在品种与数量方面。专业化生产将生产的产品品种限制在比较窄的范围之内。专业化程度越高,一个工厂生产的产品品种就越少,而消费者却要求更广泛的品种和更多样化的商品。另一方面,生产越集中,生产的规模越大,生产出来的产品品种越少。这样,在生产方面,每个工厂生产出来的产品品种比较单一,但数量却很大;而在消费方面,每个消费者需要广泛的品种和较少的数量。因此,整个流通过程就要求不断在众多企业所提供的品种上加以组合,在数量上不断加以分散。

商品的仓储活动不是简单地把生产和消费直接联系起来,而是需要一个复杂的组织过程,在品种和数量上不断地进行调整。只有经过一系列调整之后,才能使遍及全国各地的零售商店向消费者提供品种、规格、花色齐全的商品。

总之,商品生产和消费在空间、时间、品种、数量等方面都存在着矛盾。这些矛盾既不能够在生产领域里得到解决,也不可能在消费领域里得到解决,只能在流通领域,通过连接生产和消费的商品仓储活动加以解决。商品仓储活动在推动生产发展,满足市场供应中具有重要意义。

2)搞好仓储活动是保持物资原有使用价值和合理使用物资的重要手段

任何一种物资,在它生产出来以后至消费之前,由于其本身的性质、所处的条件,以及自然的、社会的、经济的、技术的因素,都可能使物资使用价值在数量上减少、质量上降低,如果不创造必要的条件,就不可避免地使物资受到损害。因此,必须进行科学的管理,加强对物资的养护,搞好仓储活动,以保护好处于暂时停滞状态的物资的使用价值。同时,在物资仓储过程中,努力做到流向合理,加快物资流转速度,注意物资的合理分配、合理供料,不断提高工作效率,使有限的物资能够及时发挥最大的效用。

3)搞好仓储活动是加快资金周转、节约流通费用、降低物流成本、提高经济效益的有效途径

仓储活动是物质产品在社会再生产过程中必然出现的一种状态。这对整个社会再生产,对国民经济各部门、各行业的生产经营活动的顺利进行,都有着巨大的作用。然而,在仓储活动中,为了保证物资的使用价值在时空上的顺利转移,必然要消耗一定的物化劳动和活劳动。尽管这些合理费用的支出是必要的,但是由于它不能创造使用价值，因而，在保证物资使用价值得到有效的保护，有利于社会再生产顺利进行的前提下，这种费用支出越少越好。那么，搞好物资的仓储活动，就可以减少物资在仓储过程中的物资损耗和劳动消耗，就可以加速物资的流通和资金的周转，从而节省费用，降低物流成本，开拓“第三利润源泉”，提高物流社会效益和企业的经济效益。

4）物资仓储活动是物资供销管理工作的重要组成部分

物资仓储活动在物资供销管理工作中有特殊的地位和重要的作用。从物资供销管理工作的全过程来看，它包括供需预测、计划分配、市场采购、订购衔接、货运组织、储存保管、维护保养、配送发料、用料管理、销售发运、货款结算、用户服务等主要环节。各主要环节之间相互依存、相互影响，关系极为密切。与其中许多环节相比，仓储活动所消耗和占用的人力、物力、财力最多，受自然的、社会的各种因素影响很大，组织管理工作有很强的经济性，既涉及经济学、管理学、物理、化学、机械、建筑、气象等方面的知识，又涉及物资流通的专业知识和专业技能，它与物资管理、经济管理专业的其他课程都有密切的联系。因此，仓储活动直接影响到物资管理工作的质量，也直接关系到物资从实物形态上确定分配供销的经济关系的实现。

1.2.2　仓储活动的任务

仓储的物资储藏的基本功能决定了仓储的基本任务是储存保管、储存控制、储存物品数量管理和储存物品质量维护，同时利用仓库设施开发和开展多种服务，提高仓储附加值、促进物资流通、提高社会资源的有效利用。

1）存储保管

存储是指在特定的场所，将物品收存并进行妥善的保管，确保被存储的物品不受损害。存储保管是仓储最基本的任务，是仓储产生的根本原因。因为有了产品剩余，需要将剩余产品收存，就形成了仓储。存储的对象必须是有价值的产品，存储要在特定的场地进行，存储必须将存储物转移到存储地进行。存储的目的是确保存储物的价值不受损害，保管人有义务妥善保管好存储物；存储物始终属于存货人所有，存货人有权控制存储物。

2）流通调控

仓储的物资有可能是长期的存储，也可能只是短时间的周转存储。存期的控制自然就形成了对流通的控制。反过来，由于流通的需要，也就决定了商品是存储还是流通。这也就是仓储的“蓄水池”功能。当交易不利时，将商品存储，等待有利的交易机会。流通控制的任务就是对物资是仓储还是流通作出安排,确定储存时间和储存地点。

3)数量管理

仓储的数量管理包括两个方面:一方面是存货人交付保管的仓储物的数量和提取仓储物的数量必须一致;另一方面是保管人可以按照存货人的要求分批收货和分批出货,对储存的商品进行数量控制,配合物流管理的有效实施,同时向存货人提供存货数量的信息服务,以便客户控制存货。

4)质量管理

根据收货时仓储物的质量交还仓储物是保管人的基本义务。为了保证仓储物的质量不发生变化,保管人需要采用先进的技术、合理的保管措施,妥善地保管仓储物。仓储物发生危险时,保管人不仅要及时通知存货人,还需要及时采取有效的措施减少损失。

5)交易中介

仓储经营人利用大量存放在仓库的有形资产,利用与物资使用部门广泛的业务联系,开展现货交易中介具有较为便利的条件,同时也有利于加速仓储物的周转和吸引新的仓储业务。仓储经营人利用仓储物开展物资交易不仅会给仓储经营人带来收益,还能充分利用社会资源,加快社会资金周转,减少资金沉淀。交易中介功能的开发是仓储经营发展的重要方向。

6)流通加工

加工本是生产的环节,但随着消费的个性化、多样化发展,生产企业将产品的定型、分装、组配、装潢等工序留到最接近销售的仓储环节进行,使得仓储成为流通加工的重要环节。

7)配送

设置在生产和消费集中地区附近的从事生产原材料、零部件或产成品的仓储,对生产车间和销售点的配送成为基本的增值服务。根据生产进度和销售的需要,仓库不间断地、小批量地将仓储物送到生产线、零售商店或收货人手上。仓储配送业务的发展有利于生产企业降低存货,减少固定资金的投入,实现准时制生产,商店减少存货,降低流动资金使用量,且能保证销售。

8)配载

配载是指向运输线路和运输工具安排装载的运输业务。商品在仓库集中集货,按照运输的方向进行分类仓储,当运输工具到达时出库装运。而在配送中心就是不断地对运输车辆进行配载,确保配送的及时和运输工具的充分利用。配载的基本原则包括:

①充分利用运输工具载重量和容积。

②合理安排装载的商品:如重不压轻、远里近外、远下近上等。

③载运方法和运输路线以求合理。

1.3　仓储管理

1.3.1　仓储管理的定义

简单地说,仓储管理就是指对仓库及仓库内储存的物资所进行的管理,是仓储机构为了充分利用所拥有的仓储资源来提供仓储服务所进行的计划、组织、控制和协调的活动。

仓储管理是经济管理与应用技术相结合的交叉学科。仓储管理将仓储领域内的生产力、生产关系以及相应的上层建筑中的有关问题进行综合研究,以探讨仓储管理的规律,不断促进仓储管理的科学化和现代化。

仓储管理的内涵随其在社会经济领域中的作用不断扩大而变化。仓储管理从单纯意义上的对商品存储管理发展成物流过程中的中心环节,它的功能已不是单纯的商品存储,而是兼有包装、分拣、流通加工、简单装配等多种增值服务功能。因此,广义的仓储管理应包括对这些工作的管理。

1.3.2　仓储管理的研究对象与内容

仓储管理研究的是商品流通过程中商品储存环节的经营管理,即研究商品流通过程中商品储存环节的业务经营活动,以及为提高经济效益而进行的计划、组织、控制和协调的活动。

仓储管理主要包括仓储资源的获得、仓储网点的布置、仓储设备的选择、库场规模的确定、仓储作业管理、库存控制、仓储保管、仓储商务管理、仓储经营、仓储安全管理、仓储信息管理等一系列的内容。

小贴士

仓储资源除了仓储本身还包括了仓储结构、仓储设备以及仓储作业人员等。

仓储资源管理功能主要体现在仓储设备的合理调配,并通过设备检修计划提高设备完好率;合理配置仓储结构,提高场地利用率;合理组织仓储作业人员,使仓储作业效率能够得到最大化。

1.3.3 仓储管理的基本任务

1)利用市场经济的手段获得最大的仓储资源的配置

市场经济最主要的功能是通过市场的价格和供求关系调节资源的配置,使资源发挥最大效益。仓储企业经营的目的也是如此。配置仓储资源也应依据所配置的资源能获得最大效益为原则。仓储管理就需要营造仓储机构的局部效益空间,吸引资源的投入。具体任务包括:根据供求关系确定仓储的建设;依据竞争优势选择仓储地址;以生产的差异化决定仓储专业化分工和确定仓储功能;以所确定的功能决定仓储布局;根据设备利用率决定设备配置等。

2)以高效率为原则组织管理机构

管理机构是开展有效仓储管理的基本条件,是一切管理活动的保证和依托。生产要素特别是人的要素只有在良好组织的基础上才能发挥作用,发挥整体的力量。仓储组织机构的确定需要围绕仓储经营的目标,依据管理幅度、因事设岗、权责对等的原则,建立结构简单、分工明确、互相合作、相互促进的管理机构和管理队伍。

仓储管理机构因仓储机构的属性不同,分为独立仓储企业的管理组织和附属仓储机构的管理组织。一般都设有内部行政管理机构、商务机构、库场管理、机械设备管理、安全保卫、财务以及其他必要的机构。仓储内部大都实行直线职能管理制或者事业部制的组织结构。

3)不断满足社会需要为原则开展商务活动

仓储商务工作是仓储对外的经济联系,包括市场定位、市场营销、交易和合同关系、客户服务、争议处理等。仓储商务是经营仓储生存和发展的关键工作,是经营收入和仓储资源充分利用的保证。从仓储经营角度看,商务管理的目的是实现收益最大化,最大限度地满足市场需要。

4)以高效率、低成本为原则组织仓储生产

仓储生产包括商品入库、堆存、出仓、检验、理货及在仓储期间的保管、质量维护、安全防护等。仓储生产的组织遵循高效、低耗的原则,充分利用机械设备、先进的保管技术和有效的管理手段,实现仓储快进、快出,提高仓储利用率,降低成本,

不发生差、损、错事故，保持连续、稳定生产。生产管理的核心在于充分使用先进的生产技术和手段，建立科学的生产作业制度和操作规范，实现严格的监督管理，采取有效的员工激励机制。

5）以优质服务、诚信建立企业形象

企业形象是指企业展现在社会公众面前的各种感性印象和总体评价的整合，包括企业及产品的知名度、社会的认可程度、美誉度、企业忠诚度等方面。企业形象是企业的无形资产，良好的形象能促进产品的销售，为企业发展提供良好的社会环境。作为服务产业的仓储业，所面对的主要是生产、流通经营者，其企业形象的建立主要是通过服务质量、产品质量、诚信和友好合作获得，并通过一定的宣传手段在潜在客户中推广。在现代物流管理中，企业不仅对服务质量有较高要求，而且需要获得合作伙伴的充分信任，因此作为物流环节的仓储企业形象的建立显得极为重要。只有具有良好的企业形象的仓储经营企业才能在物流体系中占有一席之地，才能适应现代物流的发展。

6）通过制度化、科学化的先进手段不断提高管理水平

任何企业的管理都不可能一成不变，需要随着形势的发展而不断发展，以适应新的变化。仓储管理也要根据仓储企业的经营目的的改变、社会需求的变化而改变。仓储管理要从简单管理到复杂管理、从直观管理到系统管理，在管理实践中不断修正、完善，不断提高，实行动态仓储管理，不断提高管理水平。

7）从技术到精神领域提高员工素质

仓储管理的一项基本任务就是加强对员工的培养，提高仓储企业员工素质，加强对员工的约束和激励。员工素质包括技术素质和精神素质。通过不断地系统培训、严格地考核，保证每个员工掌握其从事的劳动岗位应知、应会的操作，明白岗位的工作制度和操作规程，明确岗位职责。

同时，也要重视员工的地位，不能将员工仅仅看作是生产工具、一种等价交换的生产要素。在信赖中约束，在激励中规范。使员工人尽其才，劳有所得，人格被尊重，形成热爱企业、自觉奉献、积极向上的精神面貌。

1.3.4　仓储管理的基本原则

1）效率原则——经营效益的基础

效率是指在一定劳动要素投入量时的产品产出量。较小的劳动要素投入和较

高的产品产出量才能实现高效率。高效率意味着劳动产出大，劳动要素利用率高，高效率是现代生产的基本要求。仓储的效率表现在仓容利用率、商品周转率、进出库时间、装卸车时间等指标上，表现出“快进、快出、多存储、保管好”的高效率仓储。

仓储生产管理的核心就是效率管理，实现最少的劳动量投入，获得最大的产品产出。劳动量的投入包括生产工具、劳动力的数量以及他们的作业时间和使用时间。效率是仓储管理的基础。没有生产的效率，就不会有经营的效益，就无法开展优质的服务。

2）经济效益的原则——利润是其表现

厂商生产经营的目的是追求获得最大化利润，这是经济学的基本假设，也是社会现实的反映。利润是经济效益的表现。而实现利润最大化需要做到经营收入最大化和经营成本最小化。仓储企业应围绕获得最大经济效益这一目的进行组织和经营。但也需要承担部分社会责任，履行环境保护、维护社会安定的义务，实现生产经营的社会效益。

3）服务的原则——影响经济效益

仓储活动本身就是向社会提供服务产品。服务是贯穿在仓储中的一条主线，如仓储的定位、仓储作业、对仓储商品的控制等都是围绕着服务进行。仓储管理就要围绕服务定位。对如何提供服务、改善服务、提高服务质量所进行的管理，包括直接的服务管理和以服务为原则的生产管理。

仓储服务水平与仓储经营成本有着“背反”的关系。服务好、成本高，收费则高。仓储服务管理就是在降低成本和提高服务水平之间保持平衡。

1.3.5 对仓储管理人员的基本要求

1）仓储管理人员的基本素质要求

①具有丰富的商品知识。熟悉所经营的商品，掌握其物理化学性质和保管要求，并能针对性地采取管理措施。

②掌握现代仓储管理技术，并能熟练运用。

③熟悉仓储设备，并能合理、高效地安排和使用。

④办事能力强。能分清轻重缓急，有条不紊地处理。

⑤具有一定的财务管理能力。能查阅有关财务报表，进行经济核算、成本分析。能正确掌握仓储经济信息，进行成本管理、价格管理及其决策。

2）仓储保管人员的职责

①认真贯彻仓库保管工作的方针、政策，树立高度的责任感，忠于职守，廉洁奉公，热爱仓库工作，具有敬业精神；树立为客户服务、为生产服务的观点，具有合作精神；树立讲效率、讲效益的思想，关心企业的经营管理。

②严格遵守仓库管理的规章制度和工作规范，严格履行岗位职责，及时做好物资的入库验收、保管保养和出库发运工作；严格各项手续制度，做到收有据、发有凭，登记销账及时准确，手续完备，账物相符，把好收、发、管3关。

③熟悉仓库的结构、布局、技术定额，熟悉仓库规划，熟悉堆码、苫垫技术，掌握堆垛作业要求。在库容使用上做到：妥善安排货位，合理高效地利用仓容，堆垛整齐、稳固，间距合理，方便作业、清点、保管、检查、收发。

④熟悉仓储物资的特性、保管要求，能有针对性地进行保管，防止商品损坏，提高仓储质量；熟练地填写账表、制作单证，妥善处理各种单证业务；了解仓储合同的义务约定，完整地履行义务；妥善处理风、雨、热、冻等自然灾害对仓储物资的影响，减少损失。

⑤重视仓储成本管理，不断降低仓储成本管理。妥善保管好剩料、废旧包装，收集和处理好地脚货，做好回收工作；妥善保管、细心使用苫垫、货板等用品用具，延长其使用寿命；重视研究物资仓储技术，提高仓储利用率，降低仓储物耗损率，提高仓储的经济效益。

⑥加强业务学习和训练，熟练掌握计量、衡量、测试用具和仪器仪表的使用。掌握分管物资的商品特性、质量标准、保管知识、作业要求、工艺流程；及时掌握仓储管理的新技术、新工艺，适应仓储自动化、现代化、信息化的发展，不断提高仓储管理水平，了解仓库设备设施性能要求，督促设备维护和维修。

⑦严格执行仓库安全管理的规章制度，时刻保持警惕，做好防火、防盗、防破坏、防虫害等安全保卫工作，防止各类灾害和人身伤亡事故，确保人身、物资、设备的安全。

【做一做】

实训活动

◎ 内容

认识仓储管理企业，了解仓储企业的组织模式。

◎ 目的

通过参观仓储企业,了解仓储企业的组织模式,让学生能够更真实的体会其工作的内容及重要性。

◎ 人员

1. 实训指导:任课老师。

2. 实训编组:学生按 8 ~ 10 人分成若干组,每组选组长及记录员各一人。

◎ 时间

1 ~ 2 课时。

◎ 步骤

1. 由教师在校内组织安全教育。

2. 参观仓储企业。

◎ 要求

通过参观了解仓储企业。

◎ 认识

仓储管理部门职责规范。

仓储管理部门规划主要根据仓储的类型、规模的大小、经营业务的类型和范围、作业流程和作业方式、组织管理模式等进行具体的设计。一般大型仓库公司可设以下部门,如下图所示。

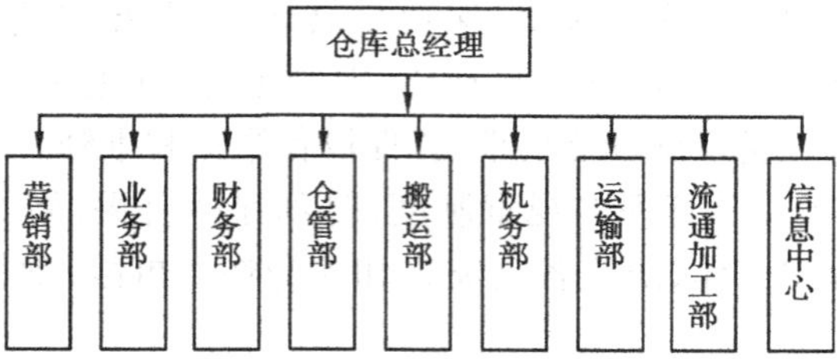

仓储组织机构图

①营销部。主要负责仓储的业务推广和客户管理。

②业务部。主要负责仓储的业务咨询、接洽和业务办理。

③财务部。主要负责仓储的财务管理、业务结算、仓储经济活动分析,为企业管理者的业务决策提供财务信息支持等。

④仓管部。是仓储的重要部门,主要负责仓储存储物资的接货、验收、入库、分拣、储存、保管和商品养护、仓储商品的出库等仓储作业。它是仓储的主要业务部

门,其作业质量将直接影响仓储服务质量。

⑤搬运部。搬运部是支持其他业务部门作业活动的主要部门。主要负责仓储存储商品的移动搬运,它是仓储其他业务的保障,没有搬运部的商品搬运作业,商品在仓库内就不会实现移动,商品的接收、入库、储存、出库等作业也就无从谈起。

⑥机务部。主要负责仓库使用的各种设施设备的保管、使用、保养和维护,使各种设施设备经常处于正常使用状态,保证仓储业务各项作业的需要。

⑦运输部。运输部也是仓储重要的业务部门,主要负责仓储商品的接运和发送,其作业目的是在存储商品到达仓库时能及时地组织接运,在接到送货指令后能及时准确地将客户订货送达客户的手中。运输部门是仓储客户服务的最后一道作业,其作业质量的好坏直接影响仓储企业在市场上的形象。可以说,运输部的作业质量是整个仓储服务质量的集中体现。

⑧流通加工部。主要负责仓储的流通加工业务,可根据仓储的实际业务开展情况考虑是否设立。

⑨信息中心。这是仓储的神经中枢,仓储的作业指令要通过信息中心的处理来生成,信息中心主要根据客户的订单信息进行汇总,通过物流信息系统软件生成各种作业指令,如入库单、拣货单、出库单、送货单等。同时,仓库管理信息系统还可以通过网络和相关的业务单位实现电子数据交换,实现电子商务与仓储的结合。另外,仓库的信息中心也是仓库的数据中心,通过数据查询,可以掌握各个商品的库存信息和库存动态,为仓储决策提供信息资料。

【任务回顾】

通过对仓储和仓储管理的学习,使我们初步掌握仓储、仓储管理的含义、分类、作用。通过对仓储企业的参观,了解了仓储企业管理部门及岗位,了解仓储与仓储管理的重要性。随着生产的发展和流通规模的扩大,我国仓储业目前正向着仓储社会化、产业化、标准化和现代化方向发展。

【名词速查】

1. 仓储

仓储指利用仓库存放、储存未使用物品的行为。简言之,仓储就是在特定的场所储存物品的行为。

2. 仓储业

仓储业是指从事仓储经营活动的企业的总称。

3. 仓储管理

仓储管理指对仓库及仓库内储存的物资所进行的管理，是仓储机构为了充分利用所拥有的仓储资源来提供仓储服务所进行的计划、组织、控制和协调的活动。

【任务检测】

一、单项选择题

1. 流通企业的仓储属于(　　)。

A. 企业自营仓储　B. 营业仓储　C. 公共仓储　D. 战略储备仓储

2. 注重商品周转作业效率和周转率的是(　　)。

A. 储存仓储　B. 物流中心仓储　C. 保税仓储　D. 运输转换仓储

3. 仓储期间根据存货人的要求对保管物进行一定的加工的仓储是(　　)。

A. 保管式仓储　B. 冷藏式仓储　C. 消费式仓储　D. 加工式仓储

4. 以下不属于按经营主体划分的仓储类别是(　　)。

A. 企业自营仓储　B. 营业仓储　C. 公共仓储　D. 配送仓储

5. 以下不属于按功能划分的仓储类别是(　　)。

A. 储存仓储　B. 特殊物品仓储　C. 物流中心仓储　D. 配送仓储

二、多选题

1. 仓储在物流系统中的作用包括(　　)。

A. 降低生产成本　B. 降低运输成本　C. 调节供需　D. 管理商品信息

E. 满足生产和销售的需要

2. 电风扇的生产厂家，通过储存来保证夏季旺盛需求的做法，实现全年的稳定生产，体现了仓储作用中的(　　)。

A. 降低生产成本　B. 调节供需

C. 降低运输成本　D. 满足生产的需要

E. 满足消费的需要

3. 以下各项中，属于现代仓库管理所涉及的内容有(　　)。

A. 现代库存控制问题　B. 仓库的业务管理问题

C. 仓库安全与消防问题　D. 现代仓库的选址与建筑问题

E. 现代仓库机械作业的选择与配置问题

三、判断题

1. 仓储就是在特定的场所储存的物品，其对象必须是实物。(　　)

2. 无形资产可以作为仓储物。(　　)

3. 仓储对象既可以是生产资料，也可以是生活资料；可以是实物，也可以是非实物。(　　)

4. 进行物资储存既是仓储活动的表征，也是仓储的最基本任务。（　　）

5. 仓储连接了生产者与客户，其运作的好坏将直接影响整个物流系统的成本与效率。（　　）

6. 在仓储环节中，可进行拼装、组装、包装、贴标签、销售展示等业务。（　　）

四、思考题

1. 仓储功能包括哪些内容？

2. 简述我国仓储业的发展方向。

3. 简述仓储的基本任务。

4. 简述仓储管理的任务。

5. 简述仓储管理遵循的基本原则。

参考答案

一、单项选择题

1. A　2. D　3. D　4. D　5. B

二、多选题

1. ABCDE　2. ABE　3. ABCDE

三、判断题

1. ×　2. ×　3. ×　4. √　5. √　6. √

四、思考题

1. 仓储功能包括哪些内容？

①仓储是保证社会再生产过程顺利进行的必要条件；

②调整生产和消费的时间差，维持市场稳定；

③劳动产品价值保存的作用；

④流通过程的衔接；

⑤市场信息的传感器；

⑥开展物流管理的重要环节；

⑦提供信用保证；

⑧现货交易的场所。

2. 简述我国仓储业的发展方向。

①仓储社会化、功能专业化；

②仓储标准化；

③仓储机械化、自动化；

④仓储信息化、信息网络化；

⑤管理科学化 。

3. 简述仓储活动的基本任务。

①存储保管;

②流通调控;

③数量管理;

④质量管理;

⑤交易中介;

⑥流通加工;

⑦配送;

⑧配载。

4. 简述仓储管理的任务。

①利用市场经济的手段获得最大的仓储资源的配置;

②以高效率为原则组织管理机构;

③不断满足社会需要为原则开展商务活动;

④以高效率、低成本为原则组织仓储生产;

⑤以优质服务、诚信建立企业形象;

⑥通过制度化、科学化的先进手段不断提高管理水平;

⑦从技术到精神领域提高员工素质。

5. 简述仓储管理遵循的基本原则。

①效率原则——经营效益的基础;

②经济效益的原则——利润是其表现;

③服务的原则——影响经济效益。

任务 2 熟悉仓库设施与设备

教学要求

1. 认识仓库的功能；

2. 清楚仓库的分类与布局；

3. 初步了解仓库的结构和堆场的结构；

4. 描述仓库与仓库设备的分类；

5. 掌握常用仓库设备的特点与工作特点；

6. 加深对自动化立体仓库的认识。

学时建议

知识性学习 6 课时；

实训 2 课时。

【导学语】

仓库是用来干什么的？你知道的仓库有哪几种？

【学一学】

仓库的设施设备是仓储管理过程中贯穿于仓储全过程、深入到各作业细节的不可或缺的技术支撑要素，大致由仓库设施和仓库设备两部分构成。

2.1 仓库及其分类

2.1.1 仓库的功能

大家一般都知道仓库是用来保存货物的地方，但是不同的货物的保存对外界条件的要求是有差别的。新鲜的肉类要求低温保存、易碎的玻璃需要有防震措施、硝酸甘油要求避免阳光直射否则会发生爆炸，等等。以上提到的这些只是仓库功能的最基本的一项——存储和保管，那么仓库还有哪些功能呢？

仓库最基本的功能就是刚刚提到的存储保管物资，并对该物资实施保管和控制。随着国际物流业的发展和社会的需求，仓库的功能更加的细化并发挥着重要的作用。

一般来讲，仓库有以下功能：

(1)存储和保管

利用仓库建筑自身具有的空间，用于存储物品并根据货物不同特性，配备相应的设施与设备，以使物品在储存期间质量得到保护。例如：对电子产品如电视机的存储要保持仓库内干燥、通风、防止明火产生等。同时，在仓库作业时，防止搬运过程中和堆放时对物品的碰撞和挤压。

(2)运输中转

从运输过程看，仓库在其中起到了整合运输、分发货物等作用。

所谓整合,即是把多种小批量的商品集中起来,采用批量运输的方式送到某一个客户手中。这种方式能利用批量运输的成本优势来降低运输成本,通常情况下,是周期库存,周期为每周或每月。

与整合相反,所谓分发就是把大批量的物料运至仓库后经存储、中转,再从仓库分运到不同顾客手中。

(3)信息传递

仓库出入库时都需要经过仔细的检查和核对,并记录在案,因此仓库的信息是货物最为准确的信息。随着现代的库存管理不断采用条形码和电子数据交换系统等技术,现在可以通过互联网及时地采集仓库的库存信息。

2.1.2 仓库的分类

1)按使用目的分类

(1)自用仓库

各生产企业、流通企业,为了满足自身对原材料、燃料、备用品的存储保管而建造的仓库,属于自动型仓库。

(2)营业仓库

面向社会提供仓储服务而获得利润的仓库为营业仓库。如商业、外贸等系统中的储运公司或物流企业所拥有的仓库。该类仓库向社会提供库位、包装、装卸、送货等服务,其库区内的设施与设备配备较齐全,服务质量较好。

(3)公用仓库

由国家投资建设,旨在为社会物流服务的公共仓库,如火车站的货场、港口的码头仓库、公路货场的货栈等。

2)按保管形态分类

(1)普通仓库

普通仓库用来存储一般物品,即一般对存储条件要求不太严格的货物,如一般的机器零件,生产所用的原材料等。该类仓库设施比较简单,存储的物资种类也比较多。

(2)保温仓库

保温仓库用于储存对温度、湿度等有特殊要求的货物。有的物品在保管期间要求恒温、恒湿以及冷藏处理,比如瓜果蔬菜、肉类食品的储存。

(3)特种仓库

特种仓库用来存储属性特殊的单一货种,包括危险品仓库,如油料、炸药、化学药品、天然气等易燃易爆的物资。另外储备军用物资、武器弹药的仓库也属于该类仓库。

(4)水上仓库

水上仓库利用货物的特性(比如不怕水浸)和相关设备(趸船、囤船、浮驳等)将该类货物存储于水面、水下等位置。比如在水中存储原木、竹排等。

3)按功能分类

(1)存储仓库

存储仓库主要用于对商品进行保管,调节供需平衡。如反季节商品的供应(冬天的西瓜),以及粮食、石油等战略物资的存储。

(2)流通仓库

该类仓库除具有存储保管基本功能外,还可以进行包装、装配、流通加工以及运输中转等。具有周转快、高附加值、时间性强的特点。

(3)保税仓库

保税仓库指经海关核准的专门存放保税货物的专用仓库。为了满足国际贸易需要,是指在一国国土之上,但在海关关境以外的仓库。国外的货物可以免税进出而无需办理海关申报手续。并且,经批准后,可在保税仓库内对货物进行加工、存储、包装和整理等业务。

4)按建筑结构分类

按仓库的结构来分,有平房仓库、楼房仓库、高层仓库、地下仓库等。

按仓库的建筑材料来分,有钢筋混凝土仓库、钢骨架建筑仓库、木制仓库等。

2.2 仓库的结构和布局

2.2.1 仓库的结构

合理的仓库结构能够使仓库的功能充分地体现出来。因此在对仓库进行设计和改造时应注意以下因素的影响。

(1)平房建筑和多层建筑

为了方便货物的出入库作业,应该尽可能的采用平房建筑,以避免由于存储产品的上下移动而带来的不便。因为利用电梯将存储产品从一个楼层搬到其他楼层既费时又费力，而且电梯的载重能力一直是限制产品流转的瓶颈。但是在城市里，为了充分利用土地，必须采用多层建筑以减少投资成本。在采用多层建筑时，应重视对上下楼层通道的设计，采用二层交斜路方式，车辆可以直接驶上二层仓库，同时二层仓库可以作为收货、验货、保管的场所，而一层则可以作为理货、配货和保管的场所。

(2)库房入口和通道

库房出入口的宽度和高度都必须根据进出车辆的不同而设置不同的要求，如果是普通载货汽车，要求宽度和高度的最低限度必须达到4米。若是铲车进出，宽度和高度必须达到2.5～3.5米。通常库房出入口采用卷帘或铁门。库房内的通道是保证库内作业顺畅的基本条件，通道应延伸至每一个货位，即货物到达每个货位都要有相应的通道作为支持，通道需要道路平整无明显起伏，平直且减少转弯和交叉。通常大型卡车入库通道应大于3米，叉车作业通道应达到2米。

(3)立柱间隔

仓库内的立柱虽然在建筑结构上是必不可少的支撑部分，但是在出入库作业时立柱却成为了障碍。一般仓库的立柱间隔，因考虑出入库作业的效率，要以汽车或托盘的尺寸为基准，通常以7米的间隔比较适宜。它适合2台大型货车(2×2.5米)或3台小型载货车(3×1.7米)的作业间隔；采取托盘存货或作业的，因托盘种类规格不同，以适合放标准托盘6个为间隔，如采用标准托盘时，间隔略大于7.2米(6×1.2米)。平房建筑的仓库，拓宽立柱间隔较为容易，可以实现较大的立柱间隔。而钢骨架建筑的仓库可不要立柱。

(4)天花板的高度

由于在现代化仓储作业中，机械化、自动化的仓库已经普遍应用，因此对于天花板的高度又提出了很高的要求。使用叉车的时候，标准提升高度是3米。若使用托盘装载货物，高度可以根据装载货物的密度小幅度调整，天花板的高度最少应该是5～6米。

(5)地面

地面的承载力必须根据承载货物的种类或堆码高度具体研究。通常，普通仓库的地面承载力为3吨/平方米，流通仓库的地面承载力，则必须保证重型叉车作业的作业要求。

2.2.2 堆场结构

1)集装箱堆场

集装箱堆场是指办理集装箱重箱或空箱装卸、转运、保管、交接的场所。在仓储过程中,以集装箱存放货物,形成集装箱堆场。在作业过程中,直接以集装箱为作业单位进行交通工具之间的转换,或交通运输方式之间的转换,无需接触或移动箱内货物,直接运到收货人仓库,省去了入库、验收、清点、堆垛、保管、出库等一系列仓储作业环节,从而提高了作业的效率。

集装箱堆场按集装箱堆存量的大小,分为混合型和专用型。专用型集装箱堆场是根据货运站的生产工艺分别设置重箱堆场、空箱堆场、维修与修竣箱堆场。在进行堆场布局时应满足发送箱、到达箱、中转箱、周转箱和维修箱等的生产工艺操作和功能的要求,并尽可能缩短运送距离、避免交叉作业。

集装箱堆场的布局具体应遵循以下原则:

①中转箱区的位置应方便不同交通运输工具的转换,方便集装箱从一辆车直接换装到另一辆车。

②周转和维修箱区的位置应在作业区外部,靠近维修车间,以方便取送和维修,对正常作业的干扰较少。

③箱体的位置要合理。要充分利用堆场的面积,同时留足箱体之间、运输通道和装卸机械作业区的距离,做到安全方便。

④合理选择和使用装卸机械和起重运输设备。在保证作业机械进出场区畅通和足够的作业半径的同时,应尽量减少作业机械的行走距离,提高设备利用效率。

⑤堆场场地地面要求经久耐用,设置一定的坡度或排水设施,以利于排水。

2)杂货堆场

(1)杂货

杂货是指直接以货物包装形式进行流通的货物。货物的包装形式有袋装、桶装、捆装、箱装、裸装等,也包括采用成组方式流通的货物。杂货中有的货物直接可以在堆场露天存放,如钢材、陶瓷等物品。存放时要用苫盖、垫垛,以便排水除湿。杂货的多样性使得杂货的装卸、堆垛作业效率极低,而且需要较大的作业空间,同时杂货容易混淆,需要严格区分。

(2)杂货堆场的货位布置方式

大多数杂货的货位布置形式均采用分区类布置方式,即对在堆场内堆存的货物在保持性能一致、养护措施一致、消防方法一致的前提下，把堆场划分为若干保管区域，根据货物大类和性能等划分为若干类别，以便分类集中堆放。

杂货堆场进行分区分类存放货物的作为只要体现在以下几个方面：

①缩短货物收发作业时间。

②合理利用有限的堆场面积堆放货物。

③使堆场管理人员熟悉掌握货物进出场地的活动规律，熟悉货场的性能，提高管理水平。

④合理安排、配置和使用各种机械设备，提高机械化操作程度。

(3)堆场分区分类的方法

①按照货物种类和性质进行分区分类。这是大多数堆场采用的分类分区方法，就是按货主经营的货物来分类，把性能互不影响、互不抵触的货物，在同一场内划定在同一货区里集中储存。

②按照货物发往地区进行分区分类。这种方法主要适用于储存期限不长，而进出数量较大的中转性质的堆场。具体做法是：货物按照交通工具划分为公路、铁路、水路，再按达到站、港的线路划分。这种分区分类方法，虽然不分货物种类，但是对于危险品、性能互相抵触的货物，也应该分别存放。

(4)杂货堆场货区布置

根据货物的不同性质，对各种堆存的货物进行合理的分类之后即可按照堆场的货区进行分类堆存。堆场的货区布置形式主要有横列式、纵列式和混合式，如表2.1所示。

表2.1　堆场的货区布置形式

形　式	特　点	优　点	缺　点
横列式	货位的长度与堆场的长度方向垂直	主要通道长且宽，副通道短，有利于货物存取、检查；通风和采光条件好，有利于机械化作业	主通道占用面积多，堆场面积的利用率受影响
纵列式	货位长度与堆场长度方向相同	仓库平面利用率高	存取货物不方便，通风、采光不好
混合式	指在堆场横列式和纵列式的布置兼有	具有上述两种方式的优缺点	

目前杂货堆场常采用的货位布置形式主要是作业通道以垂直方向排列，以利

于货物的装卸搬运。在布置货位时，要留适当跺距。跺距是为了区分不同品种规格或不同批次的货物而划定的分界道，又作为货物进出的通道，管理检查货物的行道。

3）散货堆场

散货是指未包装、无标志的小颗粒货物，直接以散装方式进行运输、装卸、仓储保管和使用。在仓储中不受风雨影响的散货可以直接堆放在散货堆场，如沙、石、煤等。

散货堆场根据所堆存散货的种类不同，地面的结构不完全相同，可以是沙土地面、混凝土地面等，由于存量巨大，要求地面有较高的强度。由于散货都具有大批量的特性，散货货场往往面积较大。为了便于疏通，采取明沟的方式排水，并且通过明沟划分较大面积的货位。散货堆场都采用铲车或者输送带进行作业，所堆的垛形较大。

2.2.3　仓库总体布局的原则与功能要求

仓库布局是指在一定区域或库区内，对仓库的数量、规模、地理位置和仓库设施道路等各要素进行科学规划和整体设计。在对仓库进行布局时应注意以下原则和功能要求：

1）仓库布局的原则

在进行仓库的布局设计应考虑到以下几个方面：

①尽可能采用单层设备，这样可降低造价，资产平均利用率高。

②使货物在出入库时单向和直线运动，避免逆向操作和大幅度变相的低效率运作。

③采用高效的物料搬运设备及操作流程。

④在仓库里采用有效的存储计划。

⑤在满足物料搬运设备大小、类型、转弯半径的要求的同时，尽量减少通道所占用的空间。

⑥尽量利用仓库的高度，可以有效利用仓库的容积。

2）功能要求

①仓库位置应便于货物的入库、装卸和提取，库内区域划分明确、布局合理。

②集装箱货物仓库与零担货物仓库尽可能分开设置，库内仓库应按发送、中转、到达货物分区存放，并分线设置货位，以防事故发生；尽量减少货物在库内的搬

运距离,避免任何迂回运输,并要最大限度地利用空间。

③要有利于提高装卸机械的效率,以满足先进的装卸工艺和设备的作业要求。

④仓库应配置必要的安全、消防设施,以保证安全生产。

⑤仓库货门的设置,既要考虑集装箱和货车的集中到达时的装卸作业要求,又要考虑由于增设货门而造成堆存面积的损失。

2.2.4 仓库内部布局

仓库内部布局是指一个仓库的各个组成部分,如库房、货棚、货场、辅助建筑物、铁路专运线、库内道路、附属固定设备等,在规定的范围内,进行平面和立体的合理安排,形成仓库内部平面图,如图 2.1 所示。

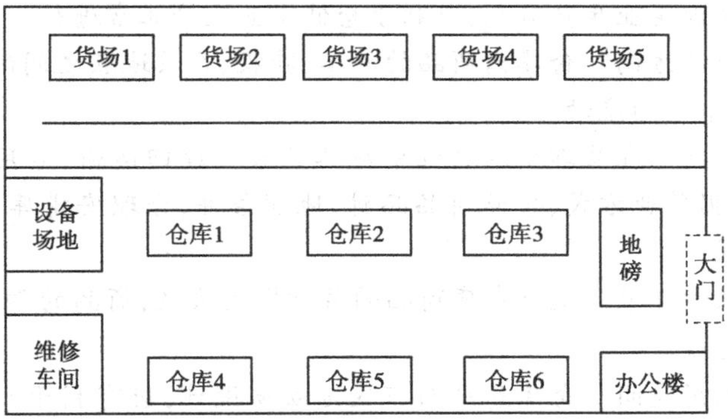

图 2.1 仓库内部布局示意图

一个仓库通常由生产作业区、辅助生产区和行政生活区三大部分组成。

1)生产作业区

生产作业区是仓库的主体部分,是商品储运活动的场所,主要包括储货区,铁路专用线、道路以及装卸台等。

储货区是储存保管的场所,具体分为库房、货棚、货场。货场不仅可以存放商品,而且还起着货位的周转与调剂作用。专用线路是库内外的商品运输通道,商品的进出库,库内商品的搬运,都通过这些运输线路。专用线应与库内其他道路相同,保证畅通。装卸站台是供火车或汽车装卸商品平台,有单独站台和库边站台两种,其高度和宽度应根据运输工具和作业方式而定。

2)辅助生产区

辅助生产区是为商品储运保管工作服务的辅助车间或服务站,包括车库、变电室、油库、维修车间等。

3)行政生活区

行政生活区是指仓库行政管理机构和员工休息的生活区域。一般设在仓库入口附近,便于接洽和管理,行政生活区与生产作业区应分开,并保持一定距离,以保证仓库的安全及行政办公和居民生活的安静。

小贴士

仓库总平面布置的要求

1. 要适应仓储企业生产流程,有利于仓储企业生产正常进行

①单一的物流方向。仓库内商品的卸车、验收、存放地点之间的安排适应仓储生产需要,按一个方向流动。

②最短的运距。在装卸搬运过程中应尽量减少迂回运输,专用线的布置应在库区中部,并根据作业方式、仓储商品品种、地理条件,合理安排库房、专用线与主干道的相对位置。

③最少的装卸环节。减少在库商品的装卸搬运次数,商品的卸车、验收和堆码作业最好一次完成。

④最大的利用空间。仓库总平面布置是立体设计,应有利于商品的合理储存和充分利用库容。

2. 有利于提高仓储经济效益

①要因地制宜,充分考虑地形、地质条件,满足商品运输和存放上的要求,充分利用仓容。

②平面布置与竖向布置相适应。所谓竖向布置,是指建设场地平面布局中每个因素,如库房、货场、专运线、道路、排水、供电等设施在地面标高线上的相互位置。

③总平面布置应能合理地利用机械化,合理选用桥式、龙门式起重机一类的固定设备,并根据企业生产量的大小选择设备的种类和数量,兼顾与其他设备的配合使用,以便于开展机械化作业。

2.3 仓库设备

2.3.1 仓库设备的分类

在仓储工作环节中所使用的设备按用途和特征可分为装卸搬运设备、保管设备、计量设备、养护检验设备、通风设备、保暖设备、照明设备、消防安全设备、劳动防护设备以及其他用途设备和工具。以下介绍几种在仓储作业中主要使用的设备。

(1)装卸搬运设备

装卸搬运设备是指用来搬运、升降、装卸和短距离输送物料或货物的机械设备。目前我国仓库中所使用的装卸搬运设备通常为装卸堆垛设备(如桥式、轮胎式、龙门式起重机以及叉车、堆垛机等)、搬运传送设备(皮带输送机、拖车、汽车、手推车等)、成组搬运设备(托盘、网络等)。

(2)保管设备

保管设备是指商品在库期间用于保护商品质量的设备。主要可归纳为:

①苫垫用品,用于遮风挡雨和防止暴晒以及隔潮、通风等。主要的苫垫材料有苫布(油布、塑料布)、苫席、枕木、石条等。其中苫布和苫席主要用在露天场所。

②存货用具,包括各种类型货架。货架是指专门用于存放成件物品的保管设备。货架在现代物流活动中,起着相当重要的作用。仓库管理是否实现现代化,与货架的种类、功能有直接的关系。

(3)计量设备

仓库中使用的计量设备很多,从计量方法角度可以分为:重量计量设备,包括各种磅秤、电子秤等;流体容积计量设备,包括流量计、液面液位计等;长度计量设备,包括卷尺、自动长度计量仪等;个数计量装置,如自动计数器等。

(4)养护检验设备

养护检验设备是指商品进入仓库时验收和在库内保管测试、化验以及防止商品变质、失效的器具。如温度仪、测潮仪、吸潮器、烘干箱、空调器等。

(5)通风、保暖、照明设备

通风设施是使库内空气清洁,防止高温和不良气体影响的设施。在仓库内的货物根据性质的不同要及时通风处理,定期打开库窗和库门。必要时采取人工通风,利用专门的通风工具,强制室内外进行空气交换。

库内要设置照明设备,以便于进行仓储作业。同时根据当地的气候条件,在仓库内可设置取暖设备,以保证库内正常仓储温度。

(6)消防安全设备

消防安全设备包括报警器、消防车、消防水源、消防水枪以及砂土箱、消防云梯等。

2.3.2 常用仓库设备

1)货架

(1)货架的作用

货架在现代物流活动中,起着相当重要的作用。货架的种类与功能直接影响着仓库管理现代化的进程。货架的主要功能有:

①货架的架式结构可以充分利用仓库上层空间,提高仓容率,扩大仓储能力。

②货架中的货物在存储期间可以避免互相挤压而造成的损耗,减少货损。

③货架中的货物存取比较方便,便于清点及计量,可做到先进先出。

④保证货物的质量。在存储期间可以通过防潮、防尘、防盗、防破坏等措施,提高在库产品的存储质量。

⑤便于机械化及自动化管理。很多新型货架可以配合相应的设备而实现机械化和自动化管理。

(2)常见的货架种类

①层架。层架是由主柱、横梁、层板构成的一种架式结构,层间用来存放货物,如图 2.2 所示。层架的种类有很多,如果按货架的封闭程度来分,可以将层架分为开放型、半开放型、金属网型、前挡板型等若干种。如果按存放货物的重量级别来划分,可将层架分为重型货架、中型货架和轻型货架。

层架具有结构简单、省料、适用性强等特点,货物收发比较方便,但是存放的货物数量有限,是人工作业的主要储存设备。

一般轻型货架多用于小批量、零星收发的小件物资的储存,高度在 2.4 米以下,厚度在 0.5 米以下;中型和重型货架要配合叉车等工具储存大件、重型物资,高度可达 4.5 米,厚度达 1.2 米,宽 3 米以上。

②托盘式货架。此种货架是存放装有货物托盘的货架。基本形态和层架类似,采用杆件组合,拆迁容易,同时可调整层架间的高度,如图 2.3 所示。

托盘货架的特点主要有:结构简单,可调整结构之间的组合,安装比较简易,费用经济;不受出入库先后顺序的限制,便于单元化存取,有效利用库容;便于实现机械化作业和计算机的控制管理。

图 2.2 层架

图 2.3 托盘式货架

③悬臂式货架。悬臂式货架由 3 ~ 4 个塔形悬臂和纵梁相连而成,悬臂一般为金属材料,为防止材料在存取过程中产生损伤,需在金属悬臂上加垫木质衬垫或橡胶带。悬臂架为开放式货架,不方便机械化作业,存取作业强度大,一般适于轻质的长条形材料存放,如图 2.4 所示。

图 2.4 悬臂式货架

④重力式货架。重力式货架又称流动式货架,从正面看和一般层架类似,不同的是其层间深度比一般层架深得多,类似多个层架密集靠放。每层隔板成前端低、后端高的一定坡度,前端为出货端,后端为进货端。货物能顺滑道从高端向低端滑动,也可以制成滑轨、辊子或滚轮,以提高货物自身的运动性能,但坡度不宜过大,如图 2.5 所示。

重力式货架主要有以下特点:

A. 库房面积存储量大,重力式货架是密集型货架的一种,能够大规模密集存放货物。由于密集程度高,可以减少通道数量,有效节约仓库的面积。

B. 减少出入库工具的运行距离,由于出入库的位置固定,可以避免由于运行路线规划问题而造成的运行距离过长。

C. 出入库时事故率得到大幅度降低,出库作业与入库作业完全分离的特点,可以使两种作业各自向专业化、高效率方向发展,而且在出入库时,工具不互相交叉、干扰,事故率低。

D. 先进先出,适合仓库的管理现代的要求,同时作业面积小,有利于拣选活动。

⑤驶入/驶出式货架。驶入/驶出式货架采用钢制结构,钢柱上有向外伸出的水平的突出构件或悬轨,叉车将托盘送入,由货架两边的悬轨托住托盘及货物。货

架上无货时可方便叉车及人的出入,如图 2.6 所示。

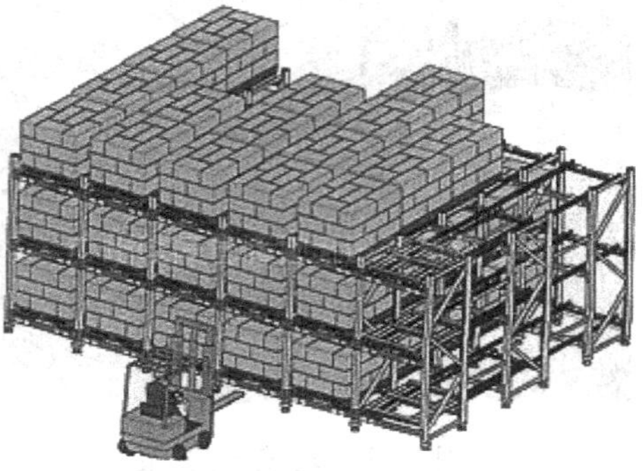

图 2.5　重力式货架

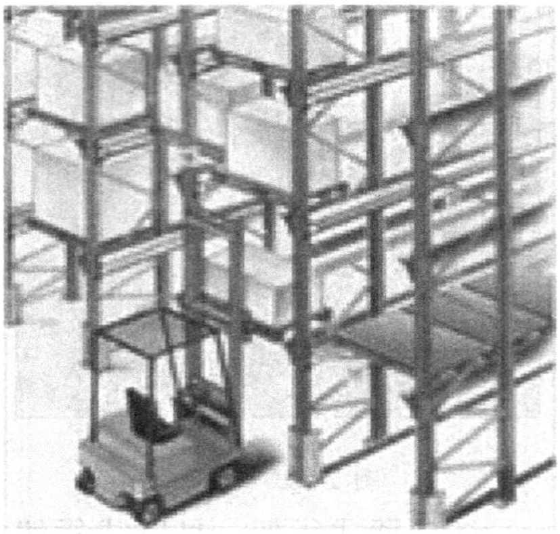

图 2.6　驶入/驶出式货架

驶入式货架即叉车从货架的一段进入货架通道内存取货物,货物只能先进后出。驶出式货架(或称通过式货架)即在货架两端可同时进行叉车作业,这样可以做到先进先出。

特点:驶入/驶出式货架属于高密度存储设备,库容率较高。驶入式货架难以实现先进先出,每一巷道只适宜保管同一种货物,并且只适用于保管品种少、大批量以及不受时间限制的货物。

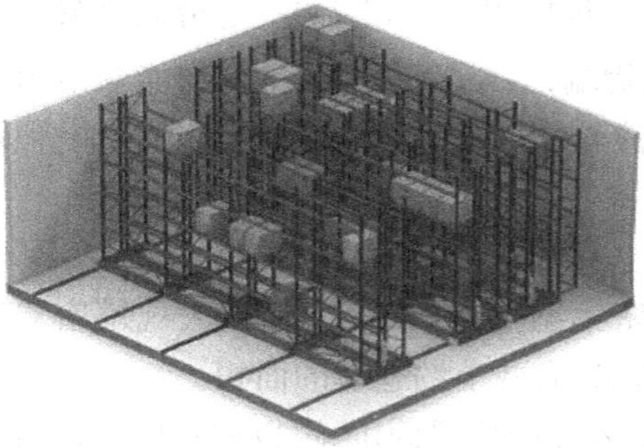

图 2.7　移动式货架

⑥移动式货架。又称动力式货架,通过货架底部设置的电动机驱动装置,该货架可以在水平直线型导轨上移动。移动式货架只需一个通道,因而可以大大提高仓库面积的利用率。广泛应用于办公室存放文档,图书馆存放档案文献,工厂车间、仓库存放工具、物料等。适用于品种少、大批量、进出频率低的货物,不受先进先出的限制,存储量较大。其缺点是成本高、施工慢,如图 2.7 所示。

2)叉车

叉车又称铲车、叉式取货机,是在仓库装卸搬运设备中应用最为广泛的机械之一,它主要由自行的轮胎底盘、能垂直升降的货叉和能够前后倾斜的门架组成。主要适用于库区内货物的装卸搬运,具有装卸、搬运双重功能。叉车的使用可以大大节省劳动力，降低装卸搬运成本，除此之外，叉车还具有以下几个特点：

①通用性强。除了能够在仓库内进行工作之外，在车站、码头、港口等都能应用叉车进行作业。

②叉车具有装卸和搬运双重功能。体现了物流机械的"一机多用"的特点。将两种作业合二为一，可以减少物流操作环节，加快作业效率。

③灵活性强。叉车的底盘比汽车的轮距小，转弯半径小，同时外形尺寸小，重量轻，因此叉车作业时灵活性较强。

④成本低、投资少，经济效果较好。

3）托盘

（1）托盘概述

为了使物品能有效的装卸、运输、保管，将其按一定数量组合放置于一定形状的台面上。这种台面有供叉车从下部插入的插入口，以这种结构为基本结构的平面台板和在这种基本结构基础上所形成的各种形式的集装器具都可以统称为托盘。

（2）托盘的特点

优点：自重量小，装盘比较容易，返空时占用运力少；作为集装单元化器具能够集中一定数量的货物，减少货运件数；投资小，收益较快。

缺点：保护性比集装箱差，露天存放困难，且适用的货物有限，不适于重量大、形状不一的货物。

（3）种类和规格

托盘的种类：按托盘的构造分，可以分为平托盘、柱式托盘、箱式托盘、轮式托盘等；按材料可分为塑料托盘、木质托盘、纸质托盘、金属托盘。

托盘的规格：我国托盘规格与国际化标准组织规定的通用尺寸一致，主要有3个规格：1 000毫米×800毫米、1 200毫米×800毫米、1 200毫米×1 000毫米。

美国主流托盘为48英寸×40英寸（大约1 200毫米×1 000毫米），日本主流托盘为1 100毫米×1 100毫米和1 200毫米×1 000毫米。

小贴士

物流模数

物流模数(Logistics Modulus)是物流设施与设备的尺寸基准。

物流模数尺寸的作用和建筑模数尺寸的作用大体相同。基础模数一旦确定,设备的制造、设施的建设、物流系统中各环节的配合协调、物流系统与其他系统的配合就有所依据。目前ISO中央秘书处及欧洲各国基本认定600毫米×400毫米为基础模数尺寸。

4)起重机

起重机适用于装卸大件笨重货物,借助于各种属具也可以装卸其他货物。最常用的起重机有龙门式起重机、桥式起重机、装卸桥和汽车起重机等。

5)堆垛机

堆垛机是专门用来堆码货垛或提升货物的机械,也叫堆高车。该机械的特点是:构造轻巧,适合在狭窄通道内操作,减轻堆垛工人劳动强度,且堆码或提升高度较高,有利于提高仓库库容率,作业灵活,在中小型仓库内广泛使用。堆垛机的分类主要分为:桥式堆垛机、巷道堆垛机等类型。

2.4 自动化立体仓库

2.4.1 自动化立体仓库及其组成

1)自动化立体仓库的定义

自动化立体仓库又称自动化高架仓库,是指通过计算机和相应的自动控制设备对仓库的作业和仓储管理进行自动控制和管理,并通过自动化系统进行仓库作业的现代化仓库。

小链接

自动化立体仓库的发展

立体仓库的产生和发展是第二次世界大战之后生产和技术发展的结果。20世纪50年代初,美国出现了采用桥式堆垛起重机的立体仓库;20世纪50年代末60年代初出现了司机操作的巷道式堆垛起重机立体仓库;1963年美国率先在高架仓库中采用计算机控制技术，建立了第一座计算机控制的立体仓库。此后，自动化立体仓库在美国和欧洲得到迅速发展，并形成了专门的学科。20世纪60年代中期，日本开始兴建立体仓库，并且发展速度越来越快，成为当今世界上拥有自动化立体仓库最多的国家之一。

我国对立体仓库及其物料搬运设备的研制开始并不晚，1963年研制成第一台桥式堆垛起重机（机械部北京起重运输机械研究所研制），1973年开始研制我国第一座由计算机控制的自动化立体仓库（高15米，机械部起重所负责），该库1980年投入运行。到2003年，我国自动化立体仓库数量已超过200座。立体仓库由于具有很高的空间利用率、很强的入出库能力、采用计算机进行控制管理而利于企业实施现代化管理等特点，已成为企业物流和生产管理不可缺少的仓储技术，越来越受到企业的重视。

自动化立体仓库主要由货物存储系统、货物存取和传送系统、控制和管理系统3大系统构成，与之配套的其他辅助系统。

1. 货物存储系统

货物存储系统主要由各种货架组成。立体货架按高度可分为高层货架（12米以上）、中层货架（5～12米）、低层货架（5米以下）。

按建筑形式可以将货架分为整体式和分离式两种。整体式是指货架除了储存货物以外，还可以作为建筑物的支撑结构，就像是建筑物的一个部分，仓库与货架形成一体化的结构。分离式是指储存货物的货架建在建筑物内部与建筑物分离，这为以后仓库的改造带来方便，可以将货架拆除后使建筑物用于其他目的。

2. 货物存取和传送系统

货物存取和传送系统主要由有轨和无轨堆垛机、出入库输送机、装卸机械等组成。

堆垛机在立体仓库中主要以巷道式堆垛机为代表，属于搬运设备。主要在立体货架的巷道内来回穿梭，将位于巷道口的货物存入货格，或者从货格中取出货物运到巷道口。巷道式堆垛机一般由机身、运行机构、升降机构、货叉伸缩机构、电器控制设备组成。

出入库输送机可根据货物的特点采用传送带输送机、机动辊道、链传动输送机等，主要将货物输送机送到堆垛机上下料位置和货物出入库位置，装卸机械承担货物出入库装车和卸车的工作，一般由行车、吊车、叉车等装卸机械组成。

3. 控制和管理系统

自动化立体仓库一般采用计算机控制与管理。管理计算机是自动化立体仓库的管理中心，承担入库管理、出库管理、盘库管理、查询、打印及显示、仓库经济技术指示计算分析管理等功能。

存取系统的计算机中心或中央控制室在接收到出库或入库信息后，通过对输入信息的处理，由计算机发出出库指令或入库指令，巷道机、自动分拣机及其他辅助设备按指令启动，协调完成自动存取作业，管理人员在控制室对整个过程进行监控和管理。

4. 其他辅助系统

其他辅助系统有供电系统、空调系统、消防警报系统、承重计量系统以及信息通信系统等。

管理计算机是自动化立体仓库的管理中心，承担入库管理、出库管理、盘库管理、查询、打印及显示、仓库经济技术指示、计算分析管理功能，它包括在线管理和离线管理。

中央控制计算机是自动化立体仓库的控制中心，它沟通并协调管理计算机、堆垛机、出入库输送机等的联系；控制和监视整个自动化立体仓库的运行，并根据管理计算机或自动键盘的命令组织流程；监视现场设备运行情况和现场设备状态、监视货物流向及收发货显示；与管理计算机、堆垛机和现场设备通讯联系；还具有对设备进行故障检测及查询显示等功能。

小贴士

自动化立体仓库的功能

自动化立体仓库的功能主要包括保存货物、收发货物和信息处理等。

1. 存储货物

和其他仓库一样，自动立体化仓库的基本功能为存储货物。根据货物的种类、大小和包装形式来实行分区存放。并且利用高层货架的优势，能够充分利用仓库面积，提高库容率。

2. 收发货物

自动化立体仓库可从供应方接收各种产品、材料或半成品等物资，也可以根据服务客户的不同要求和地区差异等对货物进行配货处理并进行发货。

3. 信息处理

自动化立体仓库中可以随时查询仓库的存储信息及其相关作业产生的信息报表、单据等信息。例如，在自动化立体仓库中可以查询库存信息、作业信息以及其他相关的信息。

2.4.2 自动化立体仓库的优越性

自动化立体仓库其优越性是多方面的，对于企业来说，可从以下几个方面得到体现：

(1)提高空间利用率

早期立体仓库的构想，其基本出发点就是提高空间利用率，充分节约有限且宝贵的土地。在西方有些发达国家，提高空间利用率的观点已有更广泛深刻的含义，节约土地，已与节约能源、环境保护等更多的方面联系起来。有些甚至把空间的利用率作为系统合理性和先进性考核的重要指标来对待。立体库的空间利用率与其规划紧密相连。一般来说，自动化高架仓库其空间利用率为普通平库的2～5倍。

(2)便于形成先进的物流系统，提高企业生产管理水平

传统仓库只是货物储存的场所，保存货物是其唯一的功能。自动化立体仓库采用先进的自动化物料搬运设备，不仅能使货物在仓库内按需要自动存取，而且可以与仓库以外的生产环节进行有机的连接，并通过计算机管理系统和自动化物料搬运设备使仓库成为企业生产物流中的一个重要环节。

(3)加快货物的存取节奏，减轻劳动强度，提高生产效率

建立以自动化立体仓库为中心的物流系统，其优越性还表现在自动化高架库的快速出入库能力，能快速妥善地将货物存入高架库中(入库)，也能快速及时并自动地将生产所需零部件和原材料送达生产线。这一特点是普通平库所不能达到的。同时，自动化立体仓库的实现是减轻工人劳动强度的最典型的例子。主要体现在：

①采用自动巷道堆垛机取代人工存放货物和人工取货，既快捷又省力。由于工人不必进入仓库内工作，工作环境大为改善。

②采用计算机管理系统对货物进行管理，大大增强了货物的管理能力，使仓库管理科学化，准确性和可靠性有质的提高，入出库管理、盘库、报表等工作量变得简单快捷，工人的劳动强度大大降低。

③立体库系统辅以库前辅助输送设备，使入出库变得简单方便。

④自动化立体库系统所需要的操作人员和系统维护人员很少，既节省了人力物力和资金，又改善了工作环境，一举多得。

(4)减少库存资金积压

经过对一些大型企业的调查了解，由于历史原因造成管理手段落后、物资管理零散，使生产管理和生产环节的紧密联系难以到位，为了到达预期的生产能力和满足生产要求，就必须准备充足的原材料和零部件。这样库存积压就成为一个较大的问题。如何降低库存资金积压和充分满足生产需要，已成为大型企业不得不面对的一个大问题。高架库系统是解决这一问题的最有效的手段之一。

①以自动化立库为中心的工厂物流系统，解决了生产各环节的流通问题和供求矛盾。使原材料的供给和零部件的生产数量和生产所需的数量可以达到一个最佳值。

②计算机网络系统的建立使原材料和零部件外购件的采购更及时和满足实际需求。

③计算机管理系统的建立加强了宏观调控功能，使生产中各环节生产量更能满足实际需求。

④建立成品库和半成品库，以解决市场供需的暂时的不一致，充分发挥企业的生产潜力。

(5)现代化企业的标志

现代化企业采用的是集约化大规模生产模式。这就要求生产过程中各环节紧密相连，成为一个有机整体。要求生产管理科学实用，做到决策科学化。为此，建立自动化高架仓库系统是其有力的措施之一。

如前所述，自动化物流系统在最大限度利用空间，最大限度地满足生产要求，减轻工人劳动强度，提高生产效率，加强生产和物资管理，减少库存积压资金等方面具有无可比拟的优势，这正是一个现代化企业所要求的和追求的。

【做一做】

一、经典案例阅读

正泰集团采用自动化立体仓库提高物流速度

正泰集团公司是中国目前低压电器行业的最大销售企业。主要设计制造各种低压工业电器、部分中高压电器、电气成套设备、汽车电器、通信电器、仪器仪表等，其产品达150多个系列、5 000多个品种、20 000多种规格。“正泰”商标被国家认定为驰名商标。该公司2002年销售额达80亿元，集团综合实力被国家评定为全国民营企业500强第5位。在全国低压工业电器行业中，正泰首先在国内建立了3级分销网络体系，经销商达1 000多家。同时，建立了原材料、零部件供应网络体系，协作厂家达1 200多家。

1. 立体仓库的功能

正泰集团公司自动化立体仓库是公司物流系统中的一个重要部分。它在计算机管理系统的高度指挥下，高效、合理地储存各种型号的低压电器成品。准确、实时、灵活地向各销售部门提供所需产成品。并为物资采购、生产调度、计划制订、产销衔接提供了准确信息。同时,它还具有节省用地、减轻劳动强度、提高物流效率、降低储运损耗、减少流动资金积压等功能。

2. 立体仓库的工作流程

正泰立体库占地面积达1 600平方米(入库小车通道不占用库房面积),高度近18米,3个巷道(6排货架)。作业方式为整盘入库,库外拣选。其基本工作流程如下:

(1)入库流程

仓库2~4层两端6个入库区各设一台入库终端,每个巷道口各设两个成品入库台。需入库的成品经入库终端操作员键入产品名称、规格型号和数量。管理计算器自动分配一个货位,并提示入库巷道。搬运工可依据提示,将装在标准托盘上的货物由小电瓶车送至该巷道的入库台上。监控机指令堆垛将货盘存放于指定货位。

(2)出库流程

底层两端为成品出库区,中央控制室和终端各设一台出库终端,在每一个巷道口设有显示屏幕,提示本盘货物要送至装配平台的出门号。需出库的成品,经操作人员键入产品名称、规格、型号和数量后,控制系统按照先进先出、就近出库、出库优先等原则,查出满足出库条件且数量相当或略多的货盘,修改相应账目的数据,自动地将需出库的各类成品货盘送至各个巷道口的出库台上,经电瓶车将之取出并送至汽车上。同时,出库系统在完成出库作业后,在客户机上形成出库单。

(3)回库空盘处理流程

底层出库后的部分空托盘经人工叠盘后,操作员键入空托盘回库作业命令,搬运工依据提示用电瓶车送至底层某个巷道口,堆垛机自动将空托盘送回立体库2~4层的原入口处,再由各车间将空托盘拉走,形成一定的周转量。

在日常存取活动中,尤其库外捡选作业,难免会出现产品存取差错,因而必须定期进行盘库。盘库处理通过对每种产品的实际清点来核实库存产品数据的准确性,并及时修正库存账目,达到账、物统一。盘库期间堆垛机将不做其他类型的作业。在操作时,即对某一巷道的堆垛机发出完全盘库指令,堆垛机按顺序将本巷道内的货物逐次运送到巷道外,产品不下堆垛机,待得到回库的命令后,再将本盘货物送回原位并取出下一盘产品,以此类推,直到本巷道所有托盘产品全部盘点完毕,或接收到管理系统下达的盘库暂停的命令进入正常工作状态。若本巷道未盘库完毕便接收到盘库暂停命令,待接到新的指令后,继续完成盘库作业。

正泰集团公司高效的供应、销售链大大降低了物资库存周期,提高了资金的周转速度,减少了物流成本和管理费用。自动化立体仓库作为现代化的物流设施,对提高该公司的仓储自动化水平无疑具有重要的作用。

3. 案例评析

①自动化仓库作为现代物流发展的一个产物，对提高整个物流过程的效率发展起着重要的作用，但是作为整个物流系统的一个重要组成部分，不可能孤立存在，还需要哪些配套设施，才能使之功能得到全面的发挥？

②在国外，众多企业都是已使用或计划建设使用自动化立体仓库，试问在国内，随着经济的发展，是否也有越来越多的企业将建设自动化立体仓库？为什么？自动化立体仓库能得到快速的发展，由哪些因素所导致？其在整个物流链中发挥着什么样的作用？

③正泰集团公司通过自动化仓库的使用，提高了整个供应链的速度，同时减少了物流成本和管理费用。

案例思考题

自动化立体仓库作为现代化的物流设施，对提高该公司的仓储自动化水平无疑具有重要的作用。你认为成功的因素有哪些？

二、实训活动

◎ 内容

仓储企业设施设备实地参观。

◎ 目的

调查物流企业库区的实际工作环境，通过观察仓储各环节的设备使用和设施的建设情况总结仓库的类型和仓储设备的种类。

◎ 人员

1. 实训指导：任课老师。

2. 实训编组：学生以班级为单位到仓储企业进行参观考察，并以 8 ~ 10 人为一组记录参观内容。

◎ 时间

1 ~ 2 天。

◎ 步骤

1. 由教师在校内组织安全教育。

2. 与实训企业相关部门取得联系，并组织学生集体去该企业参观。

3. 邀请物流企业仓储部主管介绍本部门设施与设备情况。

4. 分组记录参观过程中所见的仓储设施和设备的种类。

5. 撰写调查文档。

6. 实训小结。

◎ 要求

利用业余时间，根据具体情况选择有一定代表性的物流企业，了解其物流作业规程。通过观察认识实训企业中仓储设施与设备的种类；通过总结分析各设施与设备的作用与工作内容、工作场合等问题。

◎ 认识

作为未来物流企业员工，了解在仓储作业中所涉及的设施与设备，并初步了解各设施与设备的功能与作用，为将来实习就业工作打好理论基础。

【任务回顾】

通过对仓库设施设备的学习，使我们初步掌握了仓库种类、仓库设施与设备的种类与作用。通过对物流企业的实训体验，了解了物流企业中仓储环节中所涉及的设备类型，初步认识到基本仓储设备的使用规程和注意事项，为学生的动手操作训练做好理论准备。

【名词速查】

1. 保税仓库

保税仓库指经海关核准的专门存放保税货物的专用仓库。为了满足国际贸易需要，是指在一国国土之上，但在海关关境以外的仓库。

2. 集装箱堆场

集装箱堆场是指办理集装箱重箱或空箱装卸、转运、保管、交接的场所。

3. 自动化立体仓库

自动化立体仓库是指通过计算机和相应的自动控制设备对仓库的作业和仓储管理进行自动控制和管理，并通过自动化系统进行仓库作业的现代化仓库。

【任务检测】

一、单选题

1. 不属于仓库功能的选项是（　　）。

A. 信息传递　　B. 存储保管　　C. 包装配送　　D. 存储保管

2. 特种仓库主要适合哪种货物的储存保管（　　）。

A. 肉类产品　　B. 电子类产品　　C. 木材　　D. 油料、化学药品

3. 悬臂式货架适合存放下列哪种货物（　　）。

A. 较重的长条形货物　　B. 轻质长条形货物
C. 轻质筒状货物　　D. 重型方形货物

4. (　　)是指直接以货物包装形式进行流通的货物。
A. 散货　B. 杂货　C. 普货　D. 特货

5. (　　)下列哪个选项不属于装卸搬运设备。
A. 桥式起重机　B. 皮带输送机　C. 托盘　D. 裹包机

二、多选题

1. 按货物的保管形态来分，我们可以把仓库分为哪3种仓库。(　　)
A. 普通仓库　B. 特种仓库　C. 保温仓库　D. 公用仓库

2. 叉车的特点都有哪些？(　　)
A. 通用性强　　B. 具有装卸和搬运双重功能
C. 灵活性强　　D. 成本低，投资少，经济效果好

3. 保税仓库是指经海关核准的专门存放保税货物的专用仓库，国外的货物可以免税进出而无需办理海关申报手续。在保税仓库中可以进行哪些业务？(　　)
A. 加工　B. 整理　C. 存储　D. 包装

4. 自动化立体仓库主要由哪几个部分构成(　　)。
A. 货物存储系统　　B. 货物包装系统
C. 控制和管理系统　　D. 传送系统

5. 下列属于自动化立体仓库功能的选项有(　　)。
A. 存储货物　B. 收发货物　C. 流通加工　D. 信息处理

三、判断题

1. 分发就是把大批量的物料运至仓库后经存储、中转，再从仓库分运到不同顾客手中。(　　)

2. 移动式货架只适用于保管品种少、大批量以及不受时间限制的货物。(　　)

3. 在满足物料搬运设备大小、类型、转弯半径的要求的同时，尽量减少通道所占用的空间。(　　)

4. 普通仓库的地面承载力为6吨/平方米。(　　)

5. 我国托盘规格为1 100毫米×1 100毫米、1 200毫米×800毫米、1 200毫米×1 000毫米。(　　)

四、思考题

1. 叉车的特点有哪些？

2. 常见的货架有哪几种？货架在现代物流活动中的作用是什么？

3. 你知道自动化立体仓库的优越性吗？

参考答案

一、单选题

1. C　2. B　3. B　4. B　5. D

二、多选题

1. ABC　2. ABCD　3. ABCD　4. ABCD　5. ABD

三、判断题

1. √　2. ×　3. √　4. ×　5. ×

四、思考题

1. 叉车的特点有哪些?

①通用性强,除了能够在仓库内进行工作之外,在车站、码头、港口等都能够应用叉车进行作业。

②叉车具有装卸和搬运双重功能。

③灵活性强,叉车的底盘比汽车的轮距小,转弯半径小,同时外形尺寸小,重量轻,因此叉车作业时灵活性较强。

④成本低、投资少,经济效果较好。

2. 常见的货架有哪几种?货架在现代物流活动中的作用是什么?

常见的货架主要包括层架、托盘式货架、悬臂式货架、重力式货架、驶入/驶出式货架、移动式货架等。

①货架的架式结构可以充分利用仓库上层空间,提高仓容率,扩大仓储能力。

②货架中的货物在存储期间可以避免互相挤压而造成的损耗,减少货损。

③货架中的货物存取比较方便,便于清点及计量,可做到先进先出。

④保证货物的质量。在存储期间可以通过防潮、防尘、防盗、防破坏等措施,提高在库产品的存储质量。

⑤便于机械化及自动化管理。很多新型货架可以配合相应的设备而实现机械化和自动化管理。

3. 你知道自动化立体仓库的优越性吗?

①提高空间利用率。

②便于形成先进的物流系统,提高企业生产管理水平。

③加快货物的存取节奏,减轻劳动强度,提高生产效率。

④减少库存资金积压。

⑤现代化企业的标志。

任务 3
熟练仓储作业过程

教学要求

1. 认识仓储作业内容；
2. 清楚仓储作业流程；
3. 熟练入库、在库、出库作业过程；
4. 清楚货物验收的操作程序和方法；
5. 清楚货位编号方法；
6. 清楚货物的盘点方法；
7. 清楚货物堆垛的原则和堆垛方法；
8. 理解仓储货物保养。

学时建议

知识性学习 12 课时；

案例学习讨论 2 课时；

实训 4 课时。

【导学语】

你知道仓储作业包括哪些内容吗？仓储作业流程呢？

【学一学】

仓储作业流程是货物从库外流向库内，经过合理停留再流向库外的作业过程。仓储管理的内容主要包括：①选择货位；②接运和验收；③入库交接和登记；④堆垛；⑤盘点；⑥养护；⑦出库程序；⑧退货。

仓储作业过程可分为3个阶段，入库作业阶段、在库作业阶段、出库作业阶段，如图3.1所示。

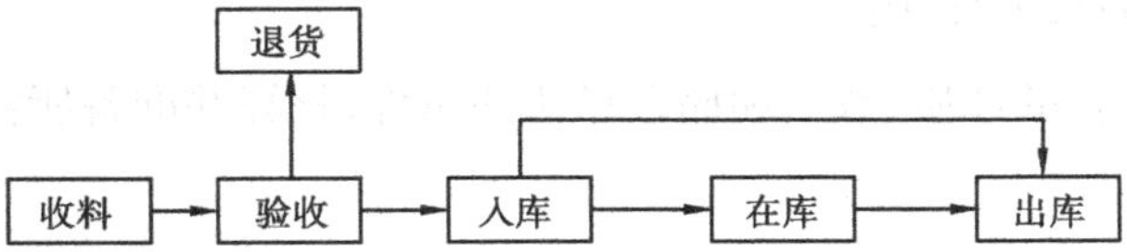

图3.1　仓储作业过程

3.1　入库作业

货物入库业务也叫收货业务，它是仓储业务的开始。入库作业是指从货物被运达仓储中心开始，经验单、装卸搬运、分类、编码、验收等环节，确认货物后按预定的货位储存入库等一系列的工作过程。入库的工作质量，直接影响到货物的储存保管以及出库业务等工作的顺利进行。

3.1.1　货物入库前准备

货物入库前准备工作一般有以下几个方面：

1）加强日常业务联系

仓管员应按计划定期向货主、生产厂家以及运输部门进行联系，了解将要入库的货物情况，如货物的品种、类别、数量和到库时间，以便提前做好货物入库前的准备工作。采用电子数据交换系统或上网查询搜集入库信息的仓储企业要保持信息畅通。

2)安排存放货位

根据入库货物的性能、数量、类别,按分区保管要求,核算所需的货位面积(仓容)大小,确定存放的货位,留出必要的验收场地。在仓储管理系统中安排好货位。

3)合理组织人力

根据货物入库的数量时间,安排好货物验收人员,搬运堆码人员,以及货物入库工艺流程,确定各个工作环节所需的人员和装卸搬运设备。

4)准备验收器具

准备点验入库的数量、质量、包装、点数、称重、测试等器具;以及堆码所需的托盘,打印好托盘货物条码标签和货物标签并在相应的货位上粘贴;准备好无线终端数据采集器。

5)准备苫垫及劳保用品

根据入库货物的性质、数量和储存场所的条件,核算并准备所需的苫垫数量及劳保用品。

6)文件单证准备

仓管员应准备好货物入库所需的各种报表、单证、记录本等,如入库记录、理货检验单、货卡、残损单和磅码单等。

小链接

仓管员岗位职责

①主要负责保管区内物资的保管工作,对保管区内的货物,做到账、卡清楚,账、卡、物相符。

②定期清扫保管区,保证保管区内清洁卫生,无虫害、鼠害。

③定期检查保管区内的通风设施、照明设施、防雨防潮设施的情况,保持库区内通风、干燥、温湿度适宜。

④定期检查保管的货物品种、数量、质量状况,定期或不定期地对保管货物进行盘点,及时掌握保管物资的动态。

⑤严格执行保管区的安全检查,包括消防器材的配备及其有效性,区内电器线

路的使用状况，是否存在老化，破损等安全隐患。

⑥严格执行保管区内的劳动纪律，严禁非保管区人员擅自进入保管区。

仓管员职位要求

①核对货物的入库凭证，清点入库货物，与送货人员办理交接手续。

②对入库货物进行数量、质量和包装验收，发现问题，做出事故记录。

③安排货物的存放地点，登记保管账、卡和货位编号。

④定期盘点，清仓查库，向存货部门反映并催调处理积压、呆滞、残损、变质等异状货物。

⑤根据物品的出库凭证付货。

由于仓库的设施不同，储存的货物业务性质不同，入库准备工作也有所差别，这就要根据具体情况和仓库制度做好充分准备。

3.1.2 合理选择货位

仓库货位是仓库内具体存放货物的位置。库场除了通道、机动作业场地，就剩下存货的货位。为了使仓库管理有序、操作规范，存货位置能准确表示，人们根据仓库的结构、功能，按照一定的要求将仓库存货位置进行分块分位，形成货位。每一个货位都用一个编号表示，以便区别。货位确定并进行标志后，一般不能随意改变。货位可大可小，有大致几千平方米的散货货位，有小至仅有零点几平方米的橱架货位，根据具体所存货物的情况确定。货位分为场地货位、货架货位，有的相邻货位可以串通合并使用，而有的可能会预先已安装地坪，无须垫垛。

1)货位存放方式

货位的存放方式主要分为固定型和流动型两种。

①固定型是一种利用信息系统事先将货架进行分类、编号，并贴付货架代码，各货架内装置的商品事先加以确定的货位存货方式。在固定型管理方式下，各货架内装载的商品是一致的，每一货位的容量都应该大于在该货位存放的货物的最大在库量，否则会出现货位不足、商品不能及时入库的情况。

②流动型是指所有的商品按顺序摆放在空的货架中，不事先确定各类商品专用的货架。流动型管理方式由于各货架内装载的商品是不断变化的，在商品变更登录时出错的可能性较高。

2）选择货位的原则

（1）根据货物的尺寸、数量、特性、保管要求选择货位

货位的通风、光照、温度、排水、刮风、雨雪等条件要满足货物保管的需要；货位尺寸与货物尺寸匹配，特别是大件、长件货物要能存入所选货位；货位的容量与数量接近；选择货位时要考虑相近货物的情况，防止与相近货物相忌而互相影响。对需要经常检查的货物，存放在方便经常检查的货位。

（2）保证先进先出、缓不围急

"先进先出"是仓储保管的重要原则，能避免货物超期变质。在货位安排时要避免后进货物围堵先进货物。存期较长的货物，不能围堵存期短的货物。

（3）出入库频率高使用方便作业的货位

对于有持续入库或者持续出库的货物，应安排在靠近出口的货位，方便出入。流动性差的货物，可以离出入口较远。同样道理，存期短的货物安排在出入口附近。

（4）小票集中、大不围小、重近轻远

多种小批量货物，应合用一个货位或者集中在一个货位区，避免夹存在大批量货物的货位中，以便查找。重货应离装卸作业区最近，以减少搬运作业量或者可以直接用装卸设备进行堆垛作业。使用货架时，重货放在货架下层，需要人力搬运的重货，存放在腰部高度的货位。

（5）方便操作

所安排的货位能保证搬运、堆垛、上架的作业方便，有足够的机动作业场地，能使用机械进行直达作业。

（6）作业分布均匀

尽可能避免仓库内或者同条作业线路上多项作业同时进行，相互妨碍。

3）货位管理

①货位应按照货物自身的理化性质与储存要求，根据分库、分区、分类的原则，将货物合理存放。此外，进一步在定置区域内，依材质、型号、规格等按一定顺序依次存放，并进行"四号定位"（也可以用"六号"或"八号"，以至更多），保证"规格不串、材质不混、先进先出"。

②货位编号。

A. 货位编号的要求：货位编号好比商品在库的"住址"，根据不同库房条件、商

品类别和批量整零的情况，搞好货位划线及编排序号，以符合“标志明显易找、编排循规有序”的要求。

B. 标志设置：采取适当方法，选择适当位置。例如，仓库标志，可在库门外挂牌；库房标志，可写在库门上；支道、段位的标志，一般都刷置在水泥和木板地坪上。但存放粉末类、软性笨重类货物的库房，其标志也有印置在天花板上的；泥土地坪的简易货棚内的货位标志，可利用柱、墙、顶、梁刷置或悬挂标牌。

C. 标志制作：统一使用阿拉伯字码制作货位编号标志。在制作库房和走道、支道的标志时，可在阿拉伯字码外，再辅以圆圈，并且可用不同直径和圆表示不同处的标志。

D. 编号顺序：仓库范围的房、棚、场以及库房内的走道、支道、段位的编号，基本上都以进门的方向左单右双或自左向右的规则进行。

E. 段位间隔：段位间隔的宽窄取决于储存商品批量的大小。

4）货位编号的方法

①地址法：利用保管区中的现有建筑物第几栋、区段、排、行、层、格等，按相关顺序编号。通常采用的编号方法为“四号定位”法。“四号定位”是采用4个数字号码对应库房（货场）、货架（货区）、货架列位（垛位）、层次（排次），进行统一编号。例如：“6-3-2-3”即指6号库房（6号货场）、3号货架（3号货区）、第2列（第2排）、3层货位（3层垛位），其具体编号方法又分为以下几种情况：

A. 货架货位编号，如图3.2所示。

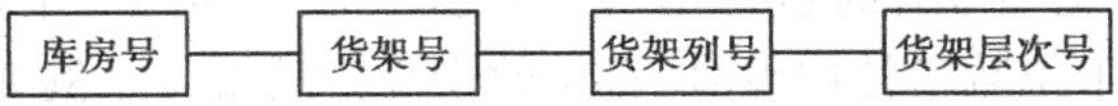

图3.2 货架货位的四号定位法

库房号：整个仓库的各个库房编号。

货架号：面向货架从左至右编号，如图3.3所示。

货架列号：面对货架从左侧起横向依次编号，如图3.4所示。

图3.3 库区号编号

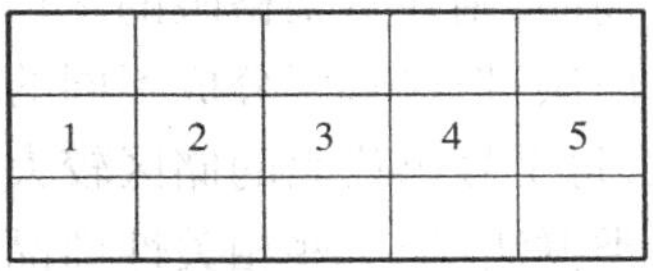

图3.4 货架列号的编制

货架层次号：从下层向上层依次编号，用阿拉伯数字或英文编号，如图 3.5 所示。

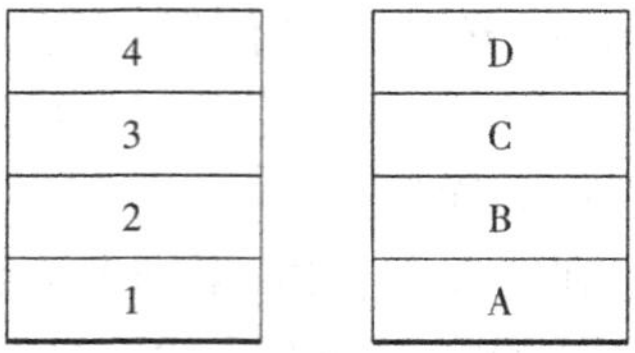

图 3.5　货架层号的编制

例 1　五号库区一号货架第一列第四层用“5-1-1-4”表示。

编号时，为防止出现错觉，可在第一位数字后加上拼音字母“K”，“c”或“P”来表示，这 3 个字母分别代表库房、货场、货棚。如 11C-15-2-6，即为 11 号货场，15 号货架，第 2 列，第 6 层。

例 2　F 库房六号货架第三列第一层用“FK-6-3-1”表示。

B. 货场货位编号，一般有两种方法。

a. 按照货位的排列编成排号，再在排号内顺序编号。

b. 不编排号，采取自左至右和自前至后的方法，顺序编号。

例 3　A 库房二号位三排一位用“AK-2-3-1”表示。

C. 其他方法。

a. 以排为单位的货架货位编号。将库房内所有的货架，以进入库门的方向，自左至右安排编号，继而对每排货架的夹层或格眼，在排的范围内自上至下、自前至后的顺序编号。货位编号有时也采用“三号定位”法。即用 3 个数字号码表示，个位数指仓间编号，十位数指楼层编号，百位数指仓库的编号。例如：345 号，就是指 3 号库，4 层楼，5 号仓间。

b. 以品种为单位的货架货位编号。将库房内的货架，以商品的品种划分储存区域后，再以品种占用储存区域的大小，在分区编号的基础上进行格眼编号。

以货物编号代替货架货位编号，适用于进出频繁的零星散装商品。在编号时要掌握货架格眼的大小、多少与存放商品的数量、体积大小相适应。

例 4　某类商品的编号从 90101 号至 90109 号，储存货格的一个格眼可放 10 个编号的商品，则在货架格眼的木档上制 90101-10 的编号，并依此类推。

②区段法：把保管区分成不同的区段，再对每个区段进行编码。这种方法以区段为单位，每个号码代表的储区较大。区域大小根据物流量大小而定。

③品类群法：把一些相关性商品经过集合后，区分成几个品项群，再对每个品项群进行编码。适用于容易按商品群保管的场合和品牌差距大的商品。例如：服饰群、五金群、食品群等。

绘制货物货位图为便于管理及提高工作效率，仓库内储存区域与货架分布情况可绘制货物货位图。常见的表示方法有两种，分别如图 3.6 和图 3.7 所示。

品　名	编　号	库区号	货架号	货架列、层号
康师傅桶装面	0015	R	1	3-1
康师傅饼干	0021	R	2	1-1

图 3.6　货物货位图示例 1

A 库：货架 1，2，3，4，5——日用百货类
　　货架 6，7，8，9，10——办公用品类
　　货架 11，12，13，14——体育健身用品类
B 库：洗涤用品
C 库：货架 1，2，3——男服装类
　　货架 4，5，6——儿童用品类
D 库：家用电器类

图 3.7　货物货位图示例 2

5）货位编号的应用

①货物入库后，应将货物所在货位的编号及时登记在保管账、卡的“货位号”栏中，采用计算机管理的要输入电脑。货位输入的准确与否，直接决定出库货物的准确性，应认真操作，避免差错。

②当货物所在的货位变动时，账、卡的货位号应同时调整，做到“见账知物”和“见物知账”。

③为提高货位利用率，一般同一货位可以存放不同规格的货物，但必须采用具有明显区别的标志，以免造成差错。

④走道、支道不宜经常变动。否则不仅会打乱原来的货位编号，而且要调整库房照明设备。

3.1.3　货物的接运和验收

1）货物的接运

货物的接运是指仓库对于通过铁路、水运、公路、航空等方式运达的货物办理交接手续，为货物入库做准备。接运是仓储业务活动的开始，是货物入库和保管的前提，直接影响货物的验收及货物保管养护。接运的主要任务是及时、准确、齐备、安全地向交通运输部门或供货单位提取和接受货物，为入库验收和检查作准备。

(1)货物接运的要求

①熟悉对方单位的有关规章制度和交接手续。

②熟悉产品的性能和运输特性。

③实际交接时,做到手续清楚、责任分明、数字准确。

④尽量做到提货、运输、验收、入库、堆码一条龙作业。

(2)货物接运的形式

①厂商或购销业务单位自行送货。这是指当地货物,由工厂或购销业务单位持入库凭证,自备运输工具,把货物送到仓库的形式。这种入库形式的特点是:单货同行、随到随收、仓库交接。

②外地到货。这是指通过铁路、水路等运输方式到达的外地或进口的货物。由运输人员接运并组织运输工具从车站、码头或专用铁路线直接下站入库的形式。这种入库形式的特点是:先与运输人员凭运单交接件数,待正式入库凭证到库后,经过验收,再办理正式入库手续。

③过户。这是指货物已存入仓库,通过购销业务使货物所有权发生转移,但仍要求在原处储存的形式。这种入库形式的特点是:单据交割,更换户名。

④移仓。移仓又称转库,是指由于某种原因需改变储存地点,虽未通过购销业务,但必须通过正式入库手续,组织运力把货物从甲库运到乙库的形式。这种入库形式的特点同样是:单货同行、随到随收、仓库交接。

2)货物的入库验收

入库验收是指仓库在商品正式入库前,按照一定的程序和手续,对到库商品进行数量和外观质量的检查,以验证商品是否符合订货合同规定的一项工作。货物验收是货物入库的第一关,是为以后的库存管理和保管养护打基础。货物的入库验收,要进行数量点收和质量检验。

(1)验收作业的依据

商品验收的依据主要是货主的入库通知单、订货合同、调拨通知单或采购计划,在这些资料中,主要的依据是货主的入库通知单。对于无合同、无计划的到货,应及时通知货主查询,经批准后,才能办理入库手续。货主应及时将订货合同、到货计划送交仓库。仓库接到货主的入库通知单等资料后,应按照资料的要求及有关规定认真核对,如内容不完备,不明确或者有错误时,应及时通知或退回货主补齐。

(2)商品验收的基本内容

商品验收的基本内容包括数量验收、质量验收和包装验收。

①商品数量验收。商品数量验收是保证商品数量准确不可缺少的重要步骤，是在初验的基础上做进一步的商品数量验收，即所谓的细数验收。按商品性质和包装情况，数量检验主要有计件、检斤、检尺等形式。在进行数量验收时，必须注意同供货方采取相同的计量方法。采取何种方式计数要在验收记录重做出记载，出库时也按同样的计量方法，避免出现误差。

按件数供货或以重量为计量单位的商品，做数量验收时要清点件数。一般情况下，计件商品应全部逐一点清，固定包装物的小件商品，如果外包装完好，打开包装不利于以后进行保管，所以，通常情况下，国内商品只检查外包装，不拆包检查，而进口商品则按合同或惯例办理。

按重量供货或以重量为计量单位的商品，做数量验收时，有的采用检斤称重的方法，有的则采用理论换算的方法。按理论换算重量的物品，先通过检尺，例如，金属材料中的板材、型材等，然后，按规定的换算方法换算成重量验收。对于进口商品，原则上应全部检斤，但如果订货合同规定按理论换算重量交货，则按合同规定办理。

按体积供货或以体积为计量单位的商品，做数量验收时要先检尺，后求积。例如，木材、竹材、砂石等。在做数量验收之前，还应根据商品来源，包装好坏或有关部门规定，确定对到库商品是采取抽验还是全验方式。

在一般情况下，数量检验应全验，即按件数全部进行点数，按重量供货的全部检斤，按理论重量供货的全部检尺，后换算为重量，以实际检验结果的数量为实收数。某些电子设备的验收需要在收货方的技术人员指导下，戴上防静电手套，在防尘、防静电的环境中，根据装箱单逐一登记序列号，点查件数。

小贴士

确定验收比例相关因素

1. 商品的性质和特点

不同的商品具有不同的特性。如玻璃器皿、保温瓶胆、瓷器等容易破碎，皮革制品、副食品、果品、海产品等容易霉变，香精、香水等容易挥发，这些商品的验收比例可以大一些；而肥皂、香皂之类，外包装完好，内部不易损坏，验收比例可以小一些。

2. 商品的价值

贵重商品，如价格高的精密仪器、名贵中药材，入库时验收比例要大一些，或者全验。而一般价值较低，数量较大的小商品可少验。

3. 商品的生产技术条件

同一种商品，对于生产技术条件好，工艺水平较高，产品质量好而且稳定的可以少验。而对于生产技术水平低，或手工操作，产品质量较差而又不稳的需要多验。

4. 供货单位的信誉

有的企业历来重视产品质量，并重视产品的售后服务工作，长期以来仓库在接收该厂产品时没有发现质量、数量等问题，消费者对该企业的产品也比较满意，这样的企业供应的商品可以少验或免验，而对于信誉较差的企业提供的产品则要多验。

5. 包装情况

包装材料差，包装技术低，包装结构不牢固，都会直接影响商品质量和运输安全，从而造成商品散失、短少或损坏。因此，收货时，对包装质量完好的商品可以适当少验，反之则要多验。

6. 运输工具

商品在运输过程中，由于使用的运输工具不同、运距的远近以及中转环节的多少等，对商品质量、数量都会有不同程度的影响。因此，入库验收时，应分别不同情况确定验收比例。如对于汽车运输、且运距较长，由于途中震荡幅度大，损耗会多一些，因此，需要确定较大的验收比例；而水路或航空运输，由于途中颠簸小，损耗自然会少一些，因此可以少验。

7. 气候条件

经过长途转运的商品，可能由于气候条件的变化，质量会受到一定的影响。即使同一地区，由于季节变化对商品的质量也会产生影响。所以，对怕热，易熔的商品，夏天要多验；对怕潮、易溶解的商品，在雨季和潮湿地区应多验；怕冻的商品，冬天应多验。

②商品质量验收。商品质量验收是检验商品质量指标是否符合规定。仓储部门按照有关质量标准，检查入库商品的质量是否符合要求。仓库对到库商品进行质量验收是根据仓储合同约定来实施的。合同没有约定的，按照商品的特性和惯例确定。由于新产品不断出现，不同商品具有不同的质量标准，仓库应认真研究各种检验方法，必要时要求客户、货主提供检验方法和标准，或者要求收货人共同参与检验。

小链接

仓库常用的质量检验方法

①感官检验。在充足的光线下，利用视力观察商品的状态、颜色、结构等表面状态，检查有无变形、破损、脱落、变色、结块等损害情况，以判定质量。同时检查商品标签、标志是否具备、完整、清晰等，标签、标志与商品是否一致。通过摇动、搬运操作、轻度敲击商品的声音，或者用手感鉴定商品的细度、光滑度、黏度、柔软程度等来判断有无结块、干涸、融化、受潮，或通过商品所特有的气味、滋味判定是否新鲜，有无变质。

②测试仪器检验。利用各种专用测试仪器进行商品性质测定，如含水量、密度、黏度、成分、光谱等测试。

③运行检验。对商品进行运行操作，如电器、车辆操作功能是否正常。

③商品包装验收。仓库主要是对商品的外包装进行检验，通常是在初验时进行的，检验包装有无被撬、开缝、污染、破损、水渍等不良情况。同时，还要检查包装是否符合有关标准要求，包括选用的材料、规格、制作工艺、标志、打包方式等。另外对包装材料的干湿度也要检查。包装的含水量是影响商品保管质量的重要指标，一些包装物含水量高表明商品已经受损害，需要进一步检验。常见包装物安全含水量见表3.1。

表3.1 几种包装物安全含水量

包装材料	含水量	说　明
木箱(外包装)	18%～20%	内装易霉、易锈商品
	18%～23%	内装一般商品
纸箱	12%～14%	5层瓦楞纸的外包装及纸板衬垫
	10%～12%	3层瓦楞纸的包装及纸板衬垫
胶合板箱	15%～16%	
布包	9%～10%	

仓库在商品验收过程中，如发现商品数量与入库凭证不符，质量不符合规定，包装出现异常情况时，必须详细记录，见表3.2。同时将有问题的商品另行堆放，并采取必要的措施，防止损失继续扩大，并立即通知业务部门或邀请有关单位现场

察看,以便及时作出处理。

表 3.2　商品检验记录表

编号:________

供货商			采购订单号			入库通知单号	
运单号			合同号			车号	
发货日期			到货日期			验收日期	
序号	商品名称	商品编码	规格型号	计量单位	应收数量	实际数量	差额

单位负责人:　　　　复核:　　　　检验员:

(3)入库过程中发现问题的处理

在商品入库验收过程中,常见的问题及处理方法如下:

①数量不符。如果经验收后发现商品的实际数量与凭证上所列的数量不一致时,应由收货人在凭证上详细做好记录,按实际数量签收,并及时通知送货人和发货方。

②质量问题。在与铁路、交通运输部门初步验收时发现质量问题,应会同承运方清查点验,并由承运方编制商务记录或出具证明书,作为索赔的依据。如确认责任不在承运方,也应做好记录,由承运者签字,以便作为向供货方联系处理的依据。在拆包进一步验收时发现的质量问题,应将有问题的商品单独堆放,并在入库单上分别签收,同时通知供货方,以划清责任。

一般来讲,入库的商品变质的原因主要有:

A. 生产厂或流通领域中长期存放或者保管不善造成的,此种情况的变质,责任在供货方,应及时与供货方联系,做出退货或者调换的决定,但收货员在接收时应该详细说明数量和变质的程度。

B. 在承运过程中因受污染、水渍等原因使商品变质,出现这种情况的责任在承运方,收货员签收时应索取承运方的记录,交货主交涉处理。

C. 在提运过程中,因商品混放、受雨淋等原因造成的商品变质,甚至报废,这是提运人员的责任,收货员在签收时应该注明变质的原因、数量及程度等,报仓库处理,但此种情况的变质较少,因为提运和接运都是在很短时间内进行的,不容易造成商品的变质。

③包装问题。在清点大件时发现包装有水渍、玷污、损坏、变形等情况时,应进一步检查内部细数和质量,并由送货人开具包装异状记录,或在送货单上注明,同时,通知保管员单独堆放,以便处理。

A. 商品串库。商品串库是指应该送往甲库的商品误送到乙库。当初步检查发现串库现象,应立即拒收;如在验收细数中发现的串库商品,应及时通知送货人办理退货手续,同时更正单据。

B. 有货无单。有货无单是指货物先到达而有关凭证还未到达。对此应暂时安排场所存放,及时联系,待单证到齐后再验收入库。

C. 有单无货。存货单位先将单证提前送到仓库,但经过一段时间后,尚没有见到货,应及时查明原因,将单证退回注销。

D. 货未到齐。往往由于运输方式的原因,同一批商品不能同时到达,对此,应分单签收。

3.1.4 货物入库交接和登记

入库货物经过点数、查验之后,可以安排卸货、入库堆码,表示仓库接收货物。卸货、搬运、堆垛作业完毕,与送货人办理交接手续,并建立仓库台账。

1)交接手续

交接手续是指仓库对收到的货物向送货人进行的确认,表示已接收货物。办理完交接手续,意味着划清了运输、送货部门和仓库的责任。完整的交接手续包括:

(1)接收货物

仓库以送货单(见表3.3)为依据,通过理货、查验货物,将不良货物剔出、退回或者编制残损单证等明确责任,确定收到货物的确切数量、货物表面状态良好。

表 3.3　仓库送货单

送货单						
送货单位:________ 日期:____年____月____日____编号:____________						
品名	规格	单位	数量	单价	金额	说明
合　计						
合计金额(人民币大写) ____万 ____千 ____百 ____拾 ____元 ____角 ____分						
收货单位:(盖章)________________ 制单:________ 经手人:________						

(2)接收文件

接收送货人送交的货物资料、运输的货运记录、普通记录等,以及随货的在运输单证上注明的相应文件,如图纸、准运证等。

(3)签署单证

仓库与送货人或承运人共同在送货人交来的送货单(见表 3.3)、到接货交接单(见表 3.4)上签署和批注,并留存相应单证,提供相应的入库、查验、理货、残损单证、事故报告,由送货人或承运人签署。

表 3.4　到接货交接单

到接货交接单											
收货人	发站	发货人	物资名称	标志标记	单位	件数	重量	存放地	车号	运单号	提货单号
备注:											
提货人:				经办人;				接收人:			

2)登账

货物查验中,仓库根据查验情况制作入库单(见表3.5)。详细记录入库货物的实际情况。若存在短少、破损等情况,则在备注栏填写和说明。

表3.5　入库单

入库单　编号:________							
送货单位:________ 日期:____年____月____日____入货仓库:__________							
货物编号	品名	规格	单位	数量	检验	实收数量	备注
仓库收货人:　　　　会计:　　　　制单:							
本单一式三联,第一联:送货人联;第二联:财务联;第三联:仓库联							

货物入库,仓库应建立详细反映物资仓储的明细账,登记货物进库、出库、结存的详细情况,用以记录库存货物的动态和出入库过程。

登账的主要内容有:物资名称、规格、数量、累计数或结存数、存货人或提货人、批次、金额,注明货位号或运输工具、接(发)货经办人。

3)立卡

货物入库或上架后,将货物名称、规格、数量或出入状态等内容填在料卡上,称为立卡。料卡又称为货卡、货牌(见表3.6),插放在货物下方的货架支架上或摆放在货垛正面的明显位置。

表3.6　料　卡

料　卡　编号:________						
物资名称:________ 规格:________ 单位:________ 单价:________						
年		送(提)货单位	入库量(+)	出库量(-)	库存	经手人
月	日					

4)建档

仓库应对所接收的货物或者委托人建立存货档案或者客户档案,以便于货物管理和保持客户联系,也为将来可能发生的争议保留凭据。同时有助于总结和积累仓库保管经验,研究仓储管理规律。

存货档案应一货一档设置,将该货物入库、保管、交付的相应单证、报表、记录、作业安排、资料等的原件或者附件、复制件存档。存货档案应统一编号、妥善保管,长期保存。

存货档案的内容包括:

①货物的各种技术资料、合格证、装箱单、质量标准、送货单、发货清单等。

②货物运输单据、普通记录、货运记录、残损记录、装载图等。

③入库通知单、验收记录、磅码单、技术检验报告。

④保管期间的检查、保养作业、通风除湿、翻仓、事故等直接操作记录,存货期间的温度、湿度、特殊天气的记录等。

⑤出库凭证,交接签单、送出货单、检查报告等。

⑥回收的仓单、货垛牌、仓储合同、存货计划、收费存根等。

⑦其他有关该货物仓储保管的特别文件和报告记录。

小链接

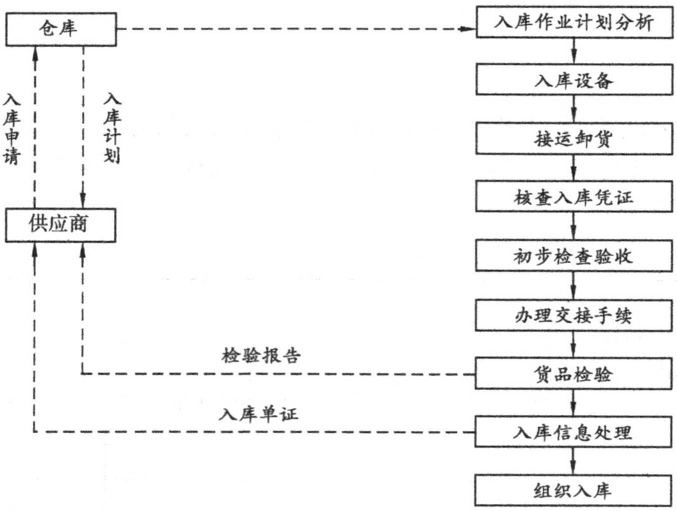

货物入库作业计划流程图

3.2 在库作业

货物入库作业结束之后，进入货物在库保管阶段，主要是对仓库中的货物进行有效的保管。依照货物进行科学的分类分区，合理安全地堆码货物，定期对保管的货物进行盘点及养护，以使仓库能够高效的运作。

3.2.1 货物的分类分区

货物的分类分区是根据其类别、性能和特点，结合仓库的建筑结构情况、容量、装卸设备等条件，确定各储存区域存放货物的种类、数量，然后分类分区编成目录并绘制平面图。

1）货物分类分区的定义及作用

（1）货物分类分区的定义

货物分类分区就是对储存货物在“四一致”（货物性能一致、养护措施一致、作业手段一致、消防方法一致）的前提下，把货物储存区划分为若干保管区域，根据货物大类和性能等划分为若干类别，以便分类集中保管。如钢材区、建材区、化工区等。

（2）货物分类分区的作用

把货物储存区划分为若干个保管区域，同一种类的货物集中存放于相对固定的货区保管，有利于收发货与保管业务的进行。

①可以缩短商品收、发作业时间。

②可以合理地使用仓容。

③可以使保管员掌握商品进、出库活动规律，熟悉商品性能，提高保管技术水平。

④可以合理配置和使用机械设备，提高机械化操作程度。

2）货物分类分区的原则

（1）存放在同一货区的商品必须具有互容性

也就是说，性质互有影响和相互抵触的不能同库保存。

（2）保管条件不同的商品不应混存

当商品保管要求的温湿度等条件不同时，不宜把它们存放在一起，因为在一个保管空间同时满足两个或多个保管条件是不经济的，更是不可能的。

(3)作业手段不同的商品不能混存

这是指当存放在同一场所中的商品体积和重量悬殊时，将严重影响该货区所配置设备的利用率，同时还增加了作业组合的复杂性和作业难度，使作业风险增加。

(4)灭火措施不同的商品绝不能混存

灭火方法不同的商品存放在一起，不仅使安全隐患大大增加，也增加了火灾控制和补救的难度和危险性。

3)货物分类分区的方法

(1)按货物的种类和性质分区分类

即按货物的自然属性归类，并集中存放在适当场所，这是大多数仓库采用的方法，具体有以下做法：

①分区分类储存：就是按货主单位经营商品来分类，把性能互不影响、互不抵触的商品，在同一库房内划定在同一货区里集中储存。但是，为了便于管理，有的也应以不同的品种、包装、进货对象，在大货区中划分若干个小货区集中储存。以钢材区为例，可以按板材、管材、型材等不同品种划区储存。

②单一货物专仓专储：主要是按照储存货物的性能来分类，并以一个库房专储存一类商品，如煤场、机电设备库、化工轻工原料库等，此外，贵重商品，即要专储，又要指定专人保管。

(2)按不同货主来分区分类

当仓库为几个大的货主服务时，为便于与货主工作的衔接，防止货物混淆，便于货物存取，往往采取这种方式。

(3)按货物流向分类

这种方式多适用于短期中转存储的商品，如在各种交通场站码头一般可采用这种方法。具体方法是：货物按交通工具分为公路、铁路、水路，再按到达站、港的线路划分。这种分类方法虽然不分货物种类，但对危险品、性能互相抵触以及运价不同的商品，也应该分别存放。

(4)按货物危险性质分区分类

这种方法主要适用于对化学品、危险品的存放。这是注意不同性质的危险品之间相互引发危险的可能。

4)货位的选择

货位是指仓库中实际可用于堆放商品的面积。货位的选择是在货物分类分区的基础上进行的,所以货位的选择应遵循确保货物安全,方便吞吐发运,力求节约仓容的原则。

(1)确保货物安全原则

为确保货物质量安全,在进行货位的选择时,应注意以下几个方面的问题:

①怕潮、易霉、易锈的货物,应选择干燥或密封的货位。

②怕光、怕热、易溶的货物,应选择低温的货位。

③怕冻的商品,应选择不低于0 ℃的货位。

④易燃、易爆、有毒、腐蚀性、放射性的危险品,应存放在郊区仓库分类专储。

⑤性能相互抵触或有挥发性、串味的货物,不能同区存储。

⑥消防灭火方法不同的货物,要分开储存货区。

⑦同一货区的商品中,存放外包装含水量过高的商品会影响邻垛商品的安全。

⑧同一货区储存的商品中,要考虑有无虫害感染的可能。

(2)方便吞吐发运的原则

货位的选择,应符合方便吞吐的原则,要方便商品的进出库,尽可能缩短收发货作业时间。除此之外,还应该兼顾以下几个方面:

①收发货方式。采取送货制的货物,由于分唛理货、按车排货,根据发货的作业需要,其储存货位应靠近理货、装车的场地;采取提货制的商品,其储存货位应靠近仓库出口,便于外来提货的车辆进出。

②操作方法和装卸设备。由于各种货物具有不同的包装形态、包装质地和体积重量,因此需要采用不同的操作方法和设备。所以,货位的选择必须考虑货区的装卸设备条件与仓储货物的操作方法适应。

③货物吞吐快慢。仓储货物的流转快慢不一,有着不同的活动规律。对于快进快出的货物,要选择有利于车辆进出库方便的货位;对于滞销久储的货物,货位不宜靠近库门;对于整进零出的商品,要考虑零星提货的条件;对于零进整出的货物,要考虑到集中发运的能力。

(3)尽量节约仓容的原则

货位的选择,还要符合节约的原则,以最小的仓容储存最大限量的货物。在货位负荷量和高度基本固定情况下,应从储存货物不同的体积、重量出发,使货位与货物的重量、体积紧密结合起来。对于轻泡货物,应安排在负荷量小和空间高的货位。对于实重货物,应安排在负荷量大而且空间低的货位。

小贴士

轻泡货物:指每立方米体积重量不足333千克的货物。其体积按货物(有包装的按货物包装)外廓最高、最长、最宽部位尺寸计算。

除此之外,在货位的选择和具体使用时,还可以根据仓储货物具有吞吐快慢不一的规律,针对操作难易不一的特点,把热销和久储、操作困难和省力的货物,搭配在同一货区储存,这样,不仅能充分发挥仓容使用的效能,而且还能克服各个储存区域之间忙闲不均的现象。

3.2.2 货物堆垛和苫垫

货物堆码是库存货物摆放的一种方法。它对维护货物质量,充分利用仓库容积和提高装卸作业效率,以及采用机械作业和保证货物安全等具有重大影响。货物堆码要遵守合理、牢固、定量、整齐、节约、先进先出等项要求。

1)货物堆垛的原则

货物堆垛原则:必须贯彻"安全、方便、多储"的原则。

(1)面向通道进行保管的原则

为了便于货物上架存放和取出货物,提高保管效率,货物的码放、货架的朝向应该面对通道,这也是库内设计的原则。

(2)高层堆码的原则

尽可能地向高处码放,可以提高保管效率,有效利用库内容积。为防止破损,保证安全,应当尽可能使用棚架等保管设备。

(3)分层堆放原则

为了提高仓库的利用效率,保证作业的安全性、防止货物受损,需要利用货架等保管设备进行分层堆放保管。

(4)先进先出原则

先入库的货物应该先发货送出,这是为了防止库存货物因保管时间过长而发生变质、损耗、老化等现象,特别是感光材料、食品等易变质、易破损、易腐败的货物以及机能易退化、老化的货物,应加快周转。这一原则十分重要。

(5)周转频率对应保管原则

根据进库出库频率确定货物的存放位置。出货和进货频率高的货物应放在靠近出入口,易于作业的地方;流动性差的货物放在距离出入口稍远的地方;季节性货物则依其季节特性来选定放置的场所。

(6)分类存放的原则

相同品种在同一地方保管。为提高作业效率和保管效率,同一货物或类似货物应放在同一地方保管。不同类别的物品分类存放,甚至需要分区分库存放;不同规格、不同批次的物品也要分位、分堆存放;残损物品要与原货分开;对于需要分拣的物品,在分拣之后,应分位存放,以免混串。此外,分类存放还包括不同流向物品、不同经营方式物品的分类分存。

(7)相似性原则

相类似的货物放在邻近的地方保管。

(8)重下轻上的原则

根据货物重量确定保管的位置和方法。安排放置场所时,要把重的东西放在货架的下部,把轻的东西放在货架的上部;需要人工搬运的大型货物码放在腰部以下的位置,轻型货物码放在腰部以上的位置。

(9)形状对应原则

依据货物的形状确定保管的位置和方法,如标准形状货物应放在托盘或货架上来保管,特殊形状的货物采用相应的器具保管。

(10)位置标志原则

货物存放的场所要有明确的标志(如货架编号、层次等),以便于货物的查找,提高上货和取货的速度,减少差错的发生。标志的位置要便于作业人员的视觉识别,确保货垛堆码货物的包装标志面向通道,这样既美观也便于查看。

(11)网络化保管原则

以货物抽出方式为前提,将相关联的货物(按照预计的出库货物构成确定的关联货物)码放在相近的场所,以便提高出库作业效率。

(12)适当的搬运活性

一是各货垛堆码的货物应严格限定于货位内,不得占据和堵塞通道;二是严格遵循"隔墙离地"的原则,保持合理的间距;三是使用托盘、集装袋等集合单元化堆码,便于叉车或堆垛机存取货,适当提高搬运活性。

小贴士

装卸搬运活性是指把货物从静止状态转变为装卸搬运运动状态的难易程度,

装卸搬运活性指数共分为5个等级,货物的活性指数越大,则搬运难度越小,越容易。

2)货物堆码的要求

(1)对堆码场地的要求

①库内堆垛。垛应该在墙基线和柱基线以外,垛底需要垫高。

②货棚内堆垛。货棚需要防止雨雪渗透,货棚内两侧或者四周必须有排水沟或管道,货棚内地坪应该高于货棚外地面,最好铺垫沙石并夯实。堆垛时要垫垛,一般应该垫高。

③露天堆垛。堆垛场地应该坚实、平坦、干燥,无积水以及杂草,场地必须高于四周地面,垛底还应该垫高40厘米,四周必须排水畅通。

(2)对堆码货物的要求

货物在正式堆码前,须达到以下要求。

①货物的名称、规格、数量、质量已全查清,即货物已验收合格。

②货物已根据物流的需要进行编码。

③货物外包装完好、清洁、标志清楚。

④部分受潮、锈蚀以及发生质量变化的不合格货物,已加工恢复(不会影响货物质量)或已剔除(不合格货物应与合格货物分开堆放)。

⑤为便于机械化作业,准备堆码的货物已进行集装单元化。

3)堆垛的方法

根据货物的特性、包装方式和形状、保管的要求,方便作业和充分利用仓容,以及仓库的条件确定存放方式。仓库货物存放的方式有:地面平放式、托盘平放式、直接码垛式、托盘堆码式和货架存放式等。

(1)散堆法

散堆法适用于露天存放的没有包装的大宗货物,如煤炭、矿石、黄沙等,也可适用于库内少量存放的谷物、碎料等散装货物。散堆法是直接用堆扬机或者铲车从确定的货位后端起,直接将货物堆高,在达到预定的货垛高度时,逐步后退堆货,后端先形成立体梯形,最后成垛,整个垛形呈立体梯形状。

(2)货架存放

适用于小件、品种规格复杂且数量较少,包装简易或脆弱、易损害不便堆垛的货物,特别是价值较高并需要经常查数的货物仓储存放。

(3)堆垛法存货

对于有包装(如箱、桶、袋、箩筐、捆、扎等)的货物,包括裸装的计件货物,采取堆垛的方式储存。

①重叠式,逐件逐层向上重叠码高而成货垛,此垛形是机械化作业的主要垛形之一,如图3.8所示。

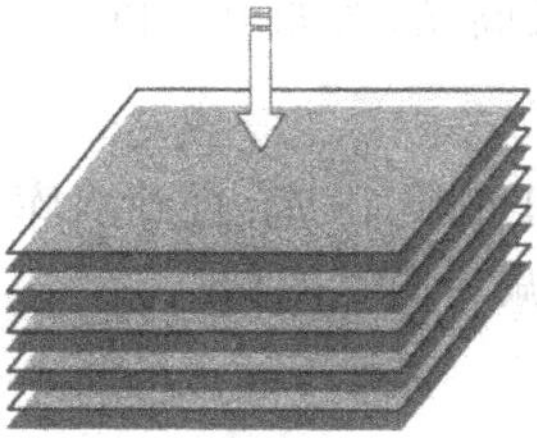

图3.8　重叠式堆码

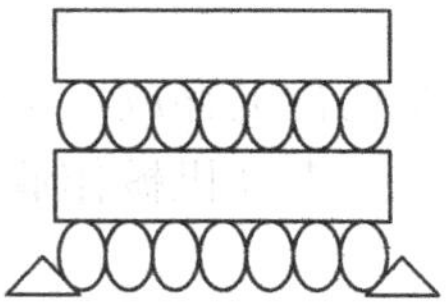

图3.9　纵横交错式

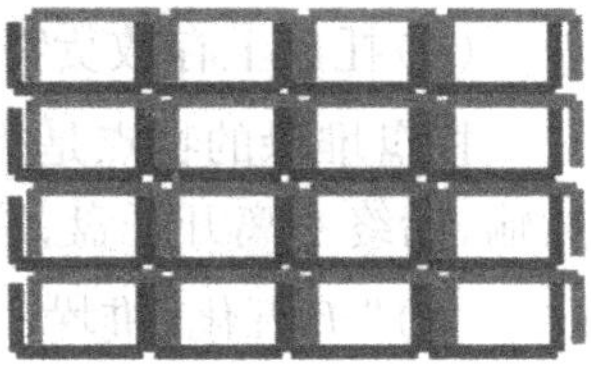

图3.10　仰伏相间式

②纵横交错堆码,形成方形垛,如图3.9所示。长短一致的键材、管材、棒材及狭长的箱装材料均可用这种垛形。

③仰伏相间式,对上下两面有大小差别或凹凸的物品,如槽钢、钢轨等,将物品仰放一层,在反一面伏放一层,仰伏相向相扣,如图3.10所示。但是,角钢和槽钢仰伏相间码垛如果是在露天存放,应该一头稍高,一头稍低,以利于排水。

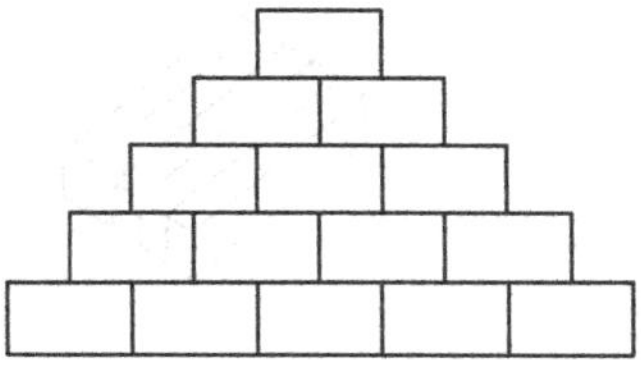

图3.11　压缝式

④压缝式,将垛底底层排列成正方形、长方形或环行,然后起脊压缝上码。由正方形或长方形形成的垛,其纵横断面呈屋脊形,适于阀门、缸、建筑卫生陶瓷等用品,如图3.11所示。

⑤通风式,需要防潮湿通风保管的货物,堆垛时每件货物和另一件货物之间都留有一定的空隙以利于通风,如图3.12所示。

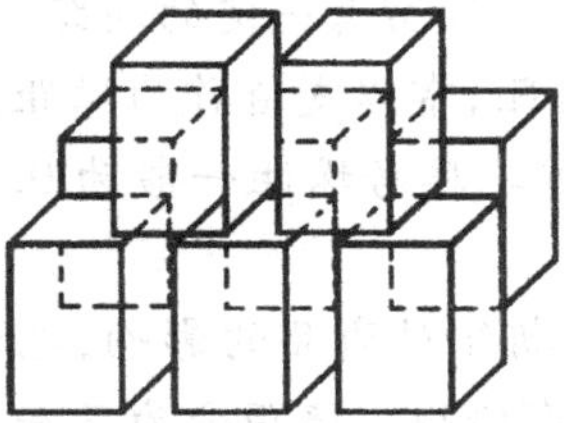

图3.12　通风式堆码

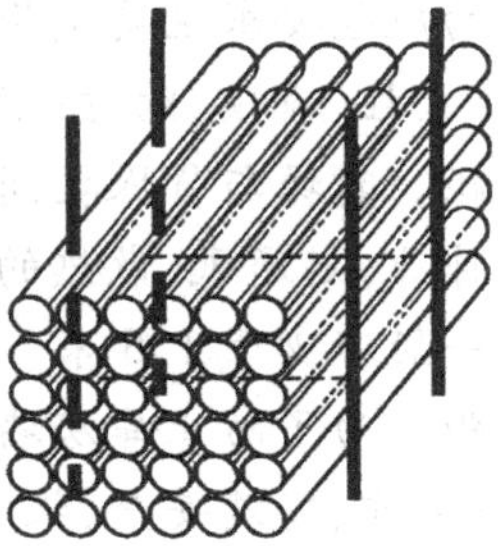

图3.13　栽柱式堆码

⑥栽柱式,在货垛的两旁栽上两至三根木柱或钢棒,然后将材料平铺在柱中,

每层或间隔几层在两侧相对应的柱子上用铁丝拉紧，以防倒塌，如图 3.13 所示。这种堆垛方式多用于金属材料中的长条形材料，例如圆钢、中空钢的堆码，且适宜于机械堆码，使用较为普遍。

⑦衬垫式，码垛时，隔层或隔几层铺放衬垫物，衬垫物平整牢靠后，再往上码。利用衬垫物使货垛的横断面平整，商品互相牵制，以加强货垛的稳固性。衬垫物需要视商品的形状而定。这种堆垛方式适用于四方整齐的裸装商品，例如电动机。

(4)托盘上存放货物

托盘堆垛的特点是货物直接在托盘上存放。货物从装卸、搬运入库，直到出库运输，始终不离开托盘，这就可以大大提高机械作业的效率，减少搬倒次数。

(5)“五五化”堆垛

“五五化”堆垛就是以五为基本计算单位，堆码成各种总数为五的倍数的货垛，以五或五的倍数在固定区域内堆放，使货物“五五成行、五五成方、五五成包、五五成堆、五五成层”，堆放整齐，上下垂直，过目知数。如图 3.14 所示。

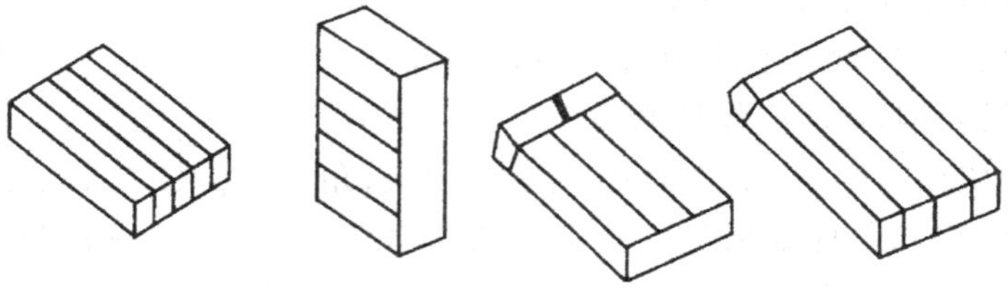

图 3.14　“五五化”堆垛

小链接

货垛的规范要求

货垛的规范要求主要是指“五距”，即垛距、墙距、柱距、顶距和灯距。叠垛时，不能依墙、靠柱、碰顶、贴灯；不能紧挨旁边的货垛，必须留有一定的间距。

①垛距。货垛与货垛之间的必要距离，称为垛距，常以支道作为垛距。垛距能方便存取作业，起通风、散热的作用，方便消防工作。库房垛距一般为 0.5 ~ 1 米，货场垛距一般不少于 1.5 米。

②墙距。为了防止库房墙壁和货场围墙上的潮气对商品的影响，也为了开窗通风、消防工作、建筑安全、收发作业，货垛必须留有墙距。墙距分为库房墙距和货场墙距，其中，库房墙距又分为内墙距和外墙距。内墙是指墙外还有建筑物相连，因而潮气相对少些；外墙则是指墙外没有建筑物相连，所以墙上的湿度相对大些。

库房的外墙距为0.3～0.5米；内墙距为0.1～0.2米，货场只有外墙距，一般为0.8～3米。

③柱距。为了防止库房柱子的潮气影响货物，也为了保护仓库建筑物的安全，必须留有柱距，一般为0.1～0.3米。

④顶距。货垛堆放的最大高度与库房、货棚屋顶间的距离，称为顶距。顶距能便于装卸搬运作业，能通风散热，有利于消防工作，有利于收发、查点。顶距的一般规定是：平库房，0.2～0.5米；人字形库房，以屋架下弦底为货垛的可堆高度；多层库房，底层与中层为0.2～0.5米，顶层须大于等于0.5米。

⑤灯距。货垛与照明灯之间的必要距离，称为灯距。为了确保储存商品的安全，防止照明灯发出的热量引起靠近商品的燃烧而发生火灾，货垛必须留有灯距。灯距严格规定不少于0.5米。

4）货物的苫垫

（1）苫盖技术

①苫盖目的是防止商品直接受到风吹、雨打、日晒、冰冻的侵蚀，存放在露天货场的商品一般都需苫盖。

②通常使用的苫盖材料有：塑料布、席子、油毡纸、铁皮、苫布等，也可以利用一些商品的旧包装材料改制成苫盖材料。

③苫盖方法。苫盖的方法主要有以下几种：

A. 垛形苫盖法。根据货垛的形状进行适当的苫盖，适用于屋脊形货垛、方形货垛及大件包装商品的苫盖，常使用塑料布、苫布、席子等，如图3.15所示。

B. 鱼鳞苫盖法。即用席子、苫布等苫盖材料，自下而上、层层压茬围盖的一种苫盖方法，因从外形看酷似鱼鳞，故称鱼鳞苫盖法，如图3.16所示。适用于怕雨淋、日晒的商品。若商品还需要通风透气的储存条件，可将席子、苫布等苫盖材料的下端反卷起来，使空气流通。

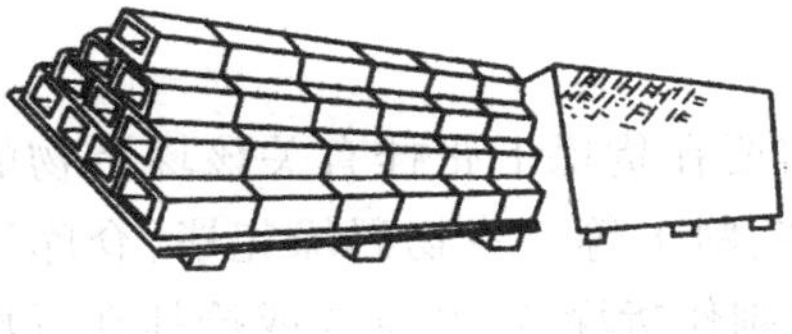

图3.15　垛形苫盖法

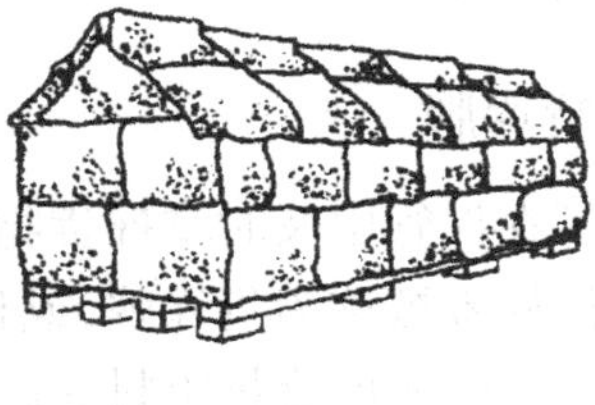

图3.16　鱼鳞苫盖法

C. 隔离苫盖法。即用竹竿、钢管、旧苇席等，在货垛四周及垛顶隔开一定空间打起框架，进行苫盖，既能防雨，又能隔热。

D.活动棚架苫盖法。根据常用的垛形制成棚架，棚架下还装有滑轮便于推动。活动棚架需要时可以拼搭，并放置在货架上，用作苫盖，不需要时，则可以拆除，节省空间。

(2)垫垛技术

垫垛就是在商品堆垛前，根据货垛的形状、底面积大小、商品保管养护的需要、负载重量等要求，预先铺好垫垛物的作业。

①垫垛目的是使堆垛的货物免受地坪潮气的侵蚀，使垛底通风透气，提高储存货物的保管养护质量，是仓储保管作业中必不可少的一个环节。

②垫垛材料。通常采用枕木、石墩、水泥墩、木板、防潮纸等，根据不同的储存条件，货物的不同要求，采用不同的垫垛材料。

③垫垛方法。主要有以下几种：

A.码架式。即采用若干个码架，拼成所需货垛底面积的大小和形状，以备堆垛。码架，即用垫木为脚，上面钉着木条或木板的构架，专门用于垫垛。码架规格不一，常见的有：长2米、宽1米、高0.2米或0.1米。不同储存条件，所需码架的高度不同：楼上库房使用的码架，高度一般为0.1米；平库房使用的码架，高度一般为0.2米；货棚、货场使用的码架高度一般为0.3~0.5米。

B.垫木式。即采用规格相同的若干根枕木或垫石，按货位的大小、形状排列，作为垛垫。枕木和垫石一般都是长方体的，其宽和高相等，约为0.2米，枕木较长约2米，而垫石较短约0.3米。这种垫垛方法最大的优点是，拼拆方便，不用时节省储存空间。适用于底层库房及货棚、货场垫垛。

C.防潮纸式。即在垛底铺上一张防潮纸作为垛垫。常用芦席、油毡、塑料薄膜等防潮纸，适用于地面干燥的库房，同时储存的商品对通风要求又不高时，可在垛底垫一层防潮纸防潮。

此外，若采用货架存货，或采用自动化立体仓库的高层货架存货，则货垛下面可以不用垫垛。

5)货垛牌

为了在保管中及时掌握货物的资料，需要在货垛上张挂有关该垛货物的资料标签。该标签被称为货垛牌，或称货物标签、料卡等。货物码垛完毕，仓库管理人员就需要根据入库货物资料、接收货物情况制作货垛牌，并排放或拴挂在货垛正面明显的位置，或者货架上。

货垛牌的主要内容有：货位号、货物名称、规格、批号，来源、进货日期、存货人、该垛数量、接货人(制单人)等。此外，可以根据不同特点相应增减项目。

3.2.3 货物的盘点

1)货物盘点的目的、程序

货物在库房中因不断地搬运和进出库,其库存账面数量容易与实际数量产生不符的现象。有些物品因存放时间过久、储存措施不恰当,而变质、丢失等,造成损失。为了有效地掌握货物在库数量,需要对在库货物的数量进行清点,即盘点工作。货物盘点是保证储存货物达到账、货、卡完全相符的重要措施之一。仓库的盘点能够确保货物在库数量的真实性及各种货物的完整性。

(1)货物盘点的目的

①确定现存量。通过盘点可以查清实际库存数量,并确认库存货物实际数量与库存账面数量的差异。账面库存数量与实际库存数量不符的主要原因通常是手法作业中产生的误差,如记录库存数量时多记、误记、漏记;作业中导致的货物损坏、遗失;验收与出库时清点有误;盘点时误盘、重盘、漏盘等。如发现盘点的实际库存数量与账面库存数量不符时,应及时查清问题原因,并作出适当的处理。

②确认企业损益。库存货物的总金额直接反映企业库存资产的使用情况,库存量过大,将增加企业的库存成本。通过盘点,可以定期核查企业库存情况,从而提出改进库存管理的措施。

③核实货物管理成效。通过盘点,可以发现呆品和废品及其呆废品处理情况、存货周转率以及货物保管、养护、维修情况,从而采取相应的改善措施。

(2)货物盘点的程序

一般情况下,盘点工作可按下列程序进行:

①盘点前的准备工作。

盘点前的准备工作是否充分,关系到盘点作业能否顺利进行。事先对可能出现的问题,对盘点工作中易出现的差错,进行周密的研究和准备是相当重要的。准备工作主要包括:

A.确定盘点的程序和具体方法。

B.配合会计人员做好盘点准备。

C.设计、印制盘点用的各种表格。

D.准备盘点使用的基本器具。

②确定盘点时间。

一般情况下,盘点的时间选择在月末或财务决算前。

从理论上讲,在条件允许的情况下,盘点的次数越多越好。但每一次盘点,都要耗费大量的人力、物力和财力。因此,应根据实际情况确定盘点时间。存货周转率比较低的企业,可以半年或一年进行一次货物的盘点。存货周转量大的企业,库存品种比较多的企业可以根据货物的性质、价值大小、流动速度、重要程度来分别确定不同的盘点时间。盘点时间可以是每天、每周、每月、每季、每年盘点一次不等。如可按 ABC 分类法将货物分为 A、B、C 不同的等级,分别制定相应的盘点周期,重点的 A 类货物,每天或每周盘点一次;一般的 B 类货物每两周或三周盘点一次;重要性最低的 C 类货物可以每个月甚至更长时间盘点一次。

③确定盘点方法。

不同的储存场所对盘点的要求不尽相同,盘点方法也会有所差异,为尽可能快速、准确地完成盘点作业,必须根据实际需要确定盘点的方法。

④培训盘点人员。

盘点的结果如何取决于作业人员的认真程度和程序的合理性。为保证盘点作业顺利进行,必须对参与盘点的所有人员进行集中培训。培训的主要内容是盘点的方法及盘点作业的基本流程和要求。通过培训使盘点工作人员对盘点的基本要领、表格及单据的填写十分清楚。

⑤盘点作业。

盘点工作开始时,首先要对储存场所及库存货物进行一次清理。清理工作主要包括:

A. 对尚未办理入库手续的货物,应予以表明,不在盘点之列。

B. 对已办理出库手续的货物,要提前通知有关部门,运到相应的配送区域。

C. 账卡、单据、资料均应整理后统一结清。

D. 整理货物堆垛、货架等,使其整齐有序,以便于清点计数。

E. 检查计量器具,使其误差符合规定要求。

F. 确定在途运输货物是否属于盘点范围。

盘点人员按照盘点单到指定库位清点货物,并且将数量填入盘点单中实盘数量处。使用盘点机进行盘点,可以采用以下两种方式:一是输入货物编码及数量;二是逐个扫描货物条码。

2)货物盘点的内容、方法

(1)货物盘点的内容

①查数量。

通过盘点查明库存货物的实际数量,核对库存账面数量与实际库存数量是否一致,这是盘点的主要内容。

②查质量。

检查在库货物质量有无变化，包括：受潮、锈蚀、发霉、干裂、鼠咬，甚至变质情况；检查有无超过保管期限和长期积压现象；检查技术证件是否齐全，是否证物相符；必要时，还要进行技术检验。

③查保管条件。

检查库房内外储存空间与场所利用是否恰当；储存区域划分是否明确，是否符合作业情况；货架布置是否合理；货物进出是否方便、简单、快速；工作联系是否便利；搬运是否方便；传递距离是否太长；通道是否宽敞；储区标志是否清楚、正确、有无脱落或不明显；有无废弃物堆置区；温湿度是否控制良好。检查堆码是否合理稳固，苫垫是否严密，库房是否漏水，场地是否积水，门窗通风洞是否良好，等等。即检查保管条件是否与各种货物的保管要求相符。

④查设备。

检查各项设备使用和养护是否合理；是否定期保养；储位、货架标志是否清楚明确，有无混乱；储位或货架是否充分利用；检查计量器具和工具，如皮尺、磅秤以及其他自动装置等是否准确，使用与保管是否合理。检查时要用标准件校验。

⑤查安全。

检查各种安全措施和消防设备、器材是否符合安全要求；检查使用工具是否齐备、安全；药剂是否有效；货物堆放是否安全，有无倾斜；货架头尾防撞杆有无损坏变形；检查建筑物是否损坏而影响货物储存；对于地震、水灾、台风等自然灾害有无紧急处理对策等。

(2)货物盘点的种类、方法

①货物盘点的种类。货物盘点分为账面盘点及现货盘点两种。

A. 账面盘点，又称永续盘点，就是把每天入库及出库货物的数量及单价，记录在电脑或账簿上，而后不断地累计加总算出账面上的库存量及库存金额。

B. 现货盘点，又称实地盘点，也就是实地去点数，调查仓库内货物的库存数，再依货物单价计算出库存金额的方法。

如要得到最正确的库存情况并确保盘点无误，最直接的方法是确定账面盘点与现货盘点的结果完全一致。如存在差异，即是产生账货不符的现象，就应分析并寻找错误原因，弄清究竟是账面盘点记错还是现货盘点点错，划清责任归属。

②货物盘点的方法。

A. 动态盘点法(又叫永续盘点)是指对有动态变化的货物即发生过收、发的货物，即时核对该批货物的余额是否与账、卡相符的一种盘点方法。动态盘点法有利于及时发现差错并及时处理。

B. 重点盘点法是指对货物进出动态频率高的,或者是易损耗的 ,或者是昂贵货物的一种盘点方法。

C. 全面盘点法是指对在库货物进行全面的盘点清查的一种方法。通常多用于清仓查库或年终盘点。盘点的工作量大,检查的内容多,把数量盘点,质量检查,安全检查结合在一起进行。

D. 循环盘点法是在每天、每周按顺序一部分一部分地进行盘点,到了月末或期末则每项货物至少完成一次盘点的方法。其是指按照货物入库的前后顺序,不论是否发生过进出业务,有计划地循环进行盘点的方法。

E. 定期盘点法,又称期末盘点,是指在期末一起清点所有货物数量的方法。

期末盘点必须关闭仓库做全面性的货物的清点,因此,对货物的核对十分方便和准确,可减少盘点中的错误,简化存货的日常核算工作。缺点是关闭仓库,停止业务会造成损失,并且动员大批员工从事盘点工作,加大了期末的工作量;不能随时反映存货收入、发出和结存的动态,不便于管理人员掌握情况;容易掩盖存货管理中存在的自然和人为的损失;不能随时结转成本。

采用循环盘点法时,日常业务照常进行,按照顺序每天盘点一部分,所需的时间和人员都比较少,发现差错也可及时分析和修正。其优点是对盘点结果出现的差错,很容易及时查明原因;不用加班,可以节约经费。两者可作以下比较,如表3.7 所示。

表 3.7 期末盘点与循环盘点的差异比较

比较内容	盘点方式	
	期末盘点	循环盘点
时间	期末、每年仅数次	日常、每天或每周一次
所需时间	长	短
所需人员	全体动员(或临时雇用)	专门人员
盘点差错情况	多且发现很晚	少且发现很早
对营运的影响	须停止作业数天	无
对货物的管理	平等	A 类重要货物:仔细管理 C 类不重要货物:稍微管理
盘点差错原因追究	不易	容易

3)盘点结果的处理

(1)盘点差异因素分析

当盘点结束后,发现账货不符时,应追查差异的原因。可以从以下因素着手:

①是否因记账员素质较低，记账及账务处理有误，或进、出库的原始单据丢失，盘点不佳导致账货不符。

②是否因盘点方法不当，漏盘、重盘或错盘。

③是否因盘点制度的缺点导致账货不符。

④是否因货账处理制度的缺点，导致货物数目无法表达。

⑤是否在容许范围之内。

⑥是否可事先预防，是否可以降低货账差异的程度。

(2)盘点结果的处理

货物盘点差异原因追查清楚后，应针对主要原因进行调整与处理，制定解决方法：

①依据管理绩效，对分管人员进行奖惩。

②对废次品、不良品减价的部分，应视为盘亏。

③存货周转率低，占用金额过大的库存货物宜设法降低库存量。

④盘点工作完成以后，所发生的差错、呆滞、变质、盘亏、损耗等结果，应予以迅速处理，并防止以后再发生。

⑤呆滞品比率过大，宜设法研究，致力于降低。

呆滞品是百分之百的可用品，但是由于库存周转率极低，特别容易被忽视，久而久之积少成多，不但耗损货物价值、积压营运资金，而且占据可利用的库存空间。呆滞品可采取以下措施进行处理：打折出售、与其他公司进行以物易物的相互交易、修改再利用、调拨给其他单位利用。

⑥货物除了盘点时产生数量的盘亏外，有些货物在价格上会产生增减，这些差异经主管部门审核后，必须利用货物盘点盈亏及价格增减更正表修改。如表3.8所示。

表3.8 货物盘点数量盈亏及价格增减更正表

年 月 日

货物名称	单位	账面资料			盘点实存			数量盈亏				价格增减				差异原因	责任人	备注
		数量	单价	金额	数量	单价	金额	盘盈		盘亏		增价		减价				
								数量	金额	数量	金额	单价	金额	单价	金额			

小贴士

理货员岗位职责

①核对货物品种、数量、规格、等级、型号和重量。

②按照凭单拣选货物。

③对拣出的货物进行复核。

④检验货物的包装、标志,对出库待运的货物进行包装、拼装、改装或加固包装,对经拼装、改装和换装的货物填写装箱单。

⑤在出库货物的外包装上设置收货人的标记。

⑥按货物的运输方式、流向和收货地点将出库货物分类整理、分单集中,填写货物启运单,通知运输部门提货发运。

⑦对货物进行搬运、整理、堆码。

⑧鉴定货运质量,分析货物残损原因,划分运输事故责任。

⑨办理货物交接手续。

理货员职位要求

①验货,货物入库时,要对其数量、质量以及包装等进行仔细验收。

②剔除残损。

③货物分拣。

④安排货位,指挥作业。

⑤处理现场事故。

3.2.4 货物的养护

入库货物的养护是指仓库根据货物的特征,结合仓库的具体条件,采取各种科学手段对货物进行保养,防止或延缓货物质量变化的行为。其目的是保持库存货物的使用价值,最大限度地减少货物的自然耗损,杜绝因保管不善而造成货物损害,防止货物损失。保管不善所造成的损失,保管人要承担赔偿。

1)养护原则

仓库应高度重视货物养护工作,以制度性、规范性的方式确定养护工作责任。针对各种货物的特性制订养护方法和程序,充分利用现有的技术手段开展针对性的养护。

仓库保管要遵循“以防为主、防治结合”的保管原则。要特别重视货物损害的预防,及时发现和消除事故隐患,防止损害事故的发生。特别要预防发生爆炸、火灾、水浸、污染等恶性事故和造成大规模损害事故。在发生、发现损害现象时,要及时采取有效措施,防止损害扩大,减少损失。

2)仓库货物保管养护的主要手段

经常对货物进行检查测试,及时发现异常情况。合理地对货物通风;防止雨雪水弄湿货物;及时排水除湿;除虫灭鼠,消除虫鼠害;妥善进行湿度控制、温度控制;防止货垛倒塌;防霉除霉,剔除变质货物;对特殊货物采取针对性的保管措施。

(1)通风

通风是指采取措施,加大空气流通的保管手段。利用干燥空气的大量流通,能降低货物的含水量,利用低温空气降低货物温度。通风还具有消除货物散发出的有害气体的作用,如造成货物窒息的二氧化碳、使金属生锈的二氧化硫、酸性气体等。通风还能增加空气氧分的含量。

通风同时也会将空气中的水分、尘埃、海边空气的盐分等带入仓库,影响货物。

仓库通风的方式有自然通风、机械自然通风、机械循环通风、制冷通风等。普通仓库只采用前两种方式。

(2)温度控制

除了冷库外,仓库的温度直接受天气温度的影响,库存货物的温度也会随天气温度同步变化。货物温度高时,会发生融化、膨化、软化,容易腐烂变质、挥发、老化、自燃甚至爆炸。温度太低,会变脆、冻裂、液体结冻膨胀。一般来说,绝大多数货物在常温下都能保持正常。

普通仓库的温度控制主要是避免阳光直接照射货物。仓库遮阳采用仓库建筑物遮阳和苫盖遮阳。对怕热货物应存放在仓库内阳光不能直接照射的货位。

对温度较敏感的货物,在气温高时可采用洒水降温的办法,包括直接对货物洒水、对怕水货物可以对苫盖、仓库屋顶洒水降温。在日晒降低的傍晚或夜间,将堆场货物的苫盖适当揭开通风,也是对露天货场货物降温保管的有效方法。

货物自热是货物升温损坏的一个重要原因,对容易自热的货物,应经常检查货物温度,当发现升温时,可采取加大通风、洒水等方式降温、翻动货物散热降温,必要时可以在货垛内存放冰块、释放干冰等来降温。

在严寒季节,气温极低时,可以采用加温设备对货物加温防冻。对突然而来的寒潮可以在寒潮到达前对货物进行苫盖保温,也具有短期保暖效果。

(3)湿度控制

湿度分为货物湿度和空气湿度。笼统地说,湿度表示含水量的多少,但在不同场合又有不同的表示方式。货物的含水量指标,用百分比表示,空气湿度又分为绝对湿度和相对湿度。

货物湿度指货物的含水量。货物的含水量对货物有直接影响,含水量高,则容易发生霉变、锈蚀、溶解、发热甚至化学变化;含水量低,则会发生干裂、挥发、容易燃烧等危害。控制货物的含水量是货物保管的重要工作。

空气绝对湿度是指空气中含水汽量的绝对数,用帕(Pa)或克/立方米(g/m^3)表示。如空气最高绝对湿度(也称饱和湿度)为31.7×10^2 Pa或者22.8 g/m^3。相对湿度则是空气中的含水汽量与相同温度空气能容纳下的最大水汽量的百分比,最大为100%。相对湿度越大,表明空气中的水汽量距离饱和状态越接近,表示空气越潮湿;相反,相对湿度越小,表明空气越干燥。

湿度控制可以采取以下措施:

①湿度监测。仓库应经常进行湿度监测,包括空气湿度和仓内湿度监测。一般每天早晚各一次,并做好记录。

②空气湿度太低时,应减少仓内空气流通,采取洒水、喷水雾等方式增加仓内空气湿度,或对货物采取加湿处理,直接在货物表面洒水。

③空气湿度太高时,可以封闭仓库或者密封货垛,避免空气流入仓库或货垛;或者在有条件的仓库采用干燥式通风、制冷除湿;在仓库或货垛内摆放吸湿材料,如生石灰、氯化钙、木炭、硅胶等;特殊货仓可采取升温措施。

(4)特殊情况下的保管

为了保证保管质量,除了温度、湿度、通风控制外,仓库应根据货物的特性采取相应的保管措施。如对货物进行油漆、涂刷保护涂料、除锈、加固、封包、密封等,发现虫害及时杀虫,使用防霉药剂等针对性保护措施。必要时采取转仓处理,将货物转入具有特殊保护条件的仓库。

小贴士

养护员岗位职责

①主要负责库存商品的养护工作。

②把好物资入库关,严格物资入库手续,防止不合格品入库。

③对入库物资进行合理堆垛苫垫,做到堆垛合理,安全牢固。

④掌握库存物资的商品性能,适当安排储存场所。

⑤加强仓库的温湿度管理,保持物资储存的合理温湿度。

⑥采取适当的措施,防止库存商品的腐蚀和霉变。

⑦对库存的特殊商品,根据其商品特性要求,采取相应的措施,保证商品在库期间数量完整、质量完好。

⑧经常检查库容,保持仓库的卫生和清洁,防止鼠害和病虫害。

⑨经常检查仓库的设施设备的运转情况,保证库区的储存条件经常处于良好的状态。

养护员职位要求

①货物入库时,养护员应严格验货,将不合格的货物与合格货物区分开来,以便入库管理员对不合格货物进行处理。

②根据货物的自然属性、品质、性能等的不同,将货物安排至适合的位置。

③将入库货物进行合理的堆垛苫垫。

④商品保管期间,加强仓库的温湿管理,防虫害管理,防霉腐管理,防、除锈管理以及对特殊商品的管理,尽量保证货物在库期间其质量不发生变化,不造成损失。

⑤定期检查仓容以及仓库设备设施的运转情况,保证其正常使用。

3.3　出库作业

货物出库作业是货物储存业务的最后一个环节,是仓库根据使用单位或业务部门开出的货物出库凭证(提货单、领料单、调拨单),按其所列的货物名称、规格、数量和时间、地点等项目,组织货物出库,登账、配货、复核、点交清理、送货等一系列工作的总称。

3.3.1　货物出库的凭证和原则

1)货物出库凭证

货物出库必须依据货主开出的货物出库凭证进行。不论在任何情况下,仓库都不得擅自动用,变相动用或者外借货主的库存货物。

2)货物出库的原则

(1)贯彻先进先出、推陈储新的原则

所谓先进先出就是根据货物入库的时间先后,先入库的货物先出库,以保持库存货物质量完好状态。尤其对于易变质、易破损、易腐败的货物、机能易退化、老化的货物，应加快周转，对变质失效的货物不准出库。

(2)出库凭证和手续必须符合要求

出库凭证的格式不尽相同，但不论采用何种形式必须真实、有效。出库凭证不符合要求，仓库都不得擅自发货。特殊情况发货必须符合仓库有关规定。

(3)要严格遵守仓库有关出库的各项规章制度

①货物出库必须遵守各项制度，按章办事。发出的货物必须与提货单、领料单或调拨单上所列的名称、规格、型号、单价、数量相符。

②未验收的货物以及有问题的货物不得发放出库。

③货物入库检验与出库检验的方法应保持一致，以免造成人为的库存盈亏。

④超过提货单有效期尚未办理提货手续的，不得发货。

(4)提高服务质量，满足用户需要

货物出库要求做到及时、准确、保质、保量地将货物发放给收货单位，防止差错事故发生；工作尽量一次完成，提高作业效率；为用户提货创造各种方便条件，协助用户解决实际问题。

为实现上述基本要求，货物出库时要做到"三不""三核""五检查"。"三不"就是未接单据不翻账，未经审查不备货，未经复核不出库；"三核"，即在发货时，要核实凭证、核对账卡、核对实物；"五检查"，即对单据和实物要进行品名检查、规格检查、包装检查、件数检查、质量检查。

3.3.2 货物出库的方式

1)客户自提

客户自提是指客户自派车辆和人员，持提货单(领料单)到仓库直接提货的一种出库方式。这种方式是仓库通常所称的提货制。它具有"提单到库，随到随发，自提自运"的特点。为划清交接责任，仓库发货人与提货人在仓库现场，对出库货物当面交接清楚并办理签收手续。这种方式适用于运输距离近，提货数量少的客户。

2)送货上门

送货上门就是仓储单位派自己的车辆和人员，根据用户的要求，把出库凭证所开列的货物，直接运送到客户指定地点的一种出库方式，这种发货形式就是通常所称的送货制。

仓库实行送货，要划清交接责任。仓储部门与运输部门的交接手续，是在仓库现场办理完毕的。运输部门与收货单位的交接手续，是根据货主单位与收货单位签订的协议，一般在收货单位指定的到货目的地办理。

送货具有“预先付货、按车排货、发货等车”的特点。仓库实行送货具有多方面的好处：仓库可预先安排作业，缩短发货时间；收货单位可避免因人力、车辆等不便而发生的取货困难；在运输上，可合理使用运输工具，减少运费。

3）代办托运

代办托运是指仓库接受客户的委托，为客户办理货物托运时，依据货主开具的出库凭证上所列货物的品种、规格、质量、数量、价格等，办理出库手续，通过运输部门如公路、铁路、水路、航空等，把货物发运到用户指定地点的一种出库方式。这种方式较为常见，也是仓库推行优质服务的措施之一。适用于大宗、长距离的货物运输。

4）过户

过户是一种就地划拨的形式。货物虽未出库，但是所有权已从原有的货主转移到新的货主。仓库必须根据原有货主开出的正式过户凭证，才予办理过户手续。

5）转仓

货主单位为了业务方便或改变货物储存条件，需要将某批库存货物从甲库转移到乙库，这就是转仓的出库方式。仓库也必须根据货主单位开出的正式转仓票，才予办理转仓手续。

6）取样

取样是货主对货物质量检验、样品陈列等需要，到仓库取货样，仓库必须根据正式取样凭证才予发给样品，并做好财务记录。

3.3.3　货物出库的程序

由于各种类型的仓库具体储存的货物种类不同，经营方式不同，货物出库的程序也不尽相同，但就其出库的操作内容来讲，主要包括出库凭证审核、拣货、发货检查、包装、分货及贴标签、出库信息处理等。

1）出库凭证审核

仓储业务部门接到货物出库凭证时，首先要对出库凭证进行仔细地审核工作。

审核的主要内容包括：

①审核出库凭证的合法性和真实性。

②核对货物的品名、型号、规格、单价、数量等有无错误。

③核对收货单位、到站、银行账号等是否齐全和准确。

如发现出库凭证有问题，需经原开证单位进行更正并加盖公章后，才能安排发货业务。但在特殊情况下（如救灾、抢险等）下，可经领导批准先发货，事后及时补办手续。

2）出库信息处理

出库凭证审核无误后，将出库凭证信息进行处理，采用人工处理方式时，记账员将出库凭证上的信息按照规定的手续登记入账，同时在出库凭证上批注出库货物的货位编号，并及时核对发货后的结存数量。当采用计算机进行库存管理时，将出库凭证的信息录入计算机后，由出库业务系统自动进行信息处理，并打印生成相应的拣货信息（拣货单等凭证），作为拣货作业的依据。

3）拣货

拣货作业是依据客户的订货要求或仓储配送中心的送货计划，尽可能迅速、准确地将货物从其储位或其他区域拣取出来的作业过程。按照拣货过程自动化程度的不同，拣货分为人工拣货、机械拣货、半自动拣货和自动拣货 4 种方式。

4）分货

分货也称为配货，拣货作业完成后，根据订单或配送路线等不同的组合方式对货品进行分类。需要流通加工的货物，先按流通加工方式分类，再按送货要求分类，这种作业称为分货作业。分货作业可分为人工分货和自动分货两种方式。

（1）人工分货

人工分货方式是指分货作业过程全部由人工完成。分货作业人员根据订单或其他方式传递过来的信息进行分货作业。分货完成后，由人工将各客户订购的货物放入已标示好的各区域或容器中，等待出货。

（2）自动分货

自动分货是利用自动分类机来完成分货工作的一种方式。自动分货系统一般应用于自动化仓库，适用于多品种、业务量大且业务稳定的场合。

5)出货检查

为保证出库货物不出差错，配货后应立即进行出库检查。出库检查是防止发货差错的关键。采用人工拣货和分货作业方式时，每经一个作业环节，必须仔细检查，按照“动碰复核”的原则，既要复核单货是否相符，又要复核货位结存数量来验证出库量是否正确。发货前由专职或兼职复核员按出库凭证对出库货物的品名、规格、单位、数量等仔细地进行复验，检查无误后，由复核员在出库凭证上签字，方可包装或交付装运。在包装、装运过程中要再次进行复核。

6)包装

出库货物有的可以直接装运出库，有的还需要经过包装待运环节。特别是发往外地的货物，为了适应安全运输的要求，往往需要进行重新组装，或加固包装等作业。凡是由仓库分装、改装或拼装的货物，装箱人员要填制装箱单，标明箱内所装货物的名称、型号、规格、数量以及装箱日期等，并由装箱人员签字或盖章后放入箱内供收货单位查对。为了保证出库货物安全运达目的地，包装应符合下列要求：

①根据货物的外形特点，选用适宜的包装材料，其重量和尺寸，应便于装卸搬运。

②要符合货物运输要求，包装应牢固，内衬应稳固。怕潮货物包装时应增加一层防潮材料，易碎货物包装时应内垫软质衬垫物。包装的外部要做明显标志，标明对装卸搬运的要求及其他标志。

③严禁互相影响或性质互相抵触的货物混合包装。

④要充分利用包装容积。

⑤要节约包装材料，尽量使用原包装物和旧包装物。

⑥包装完毕后，要在外包装上标明收货单位、到站、发货号、本批货物的总包装件数、发货单位等，要字迹清晰，书写准确。

小链接

包装的功能

①保护功能(无声的卫士)：包装最基本的功能。保护商品的包装，我们不能简单地理解这是给商品一个防止外力入侵的外壳，实际上保护商品的意义是多重的：

A.包装不仅要防止商品物理性的损坏如防冲击、防震动、耐压等，也包括各种化学性及其他方式的损坏。如啤酒瓶的深色可以保护啤酒少受到光线的照射，不变质。还有各种复合膜的包装可以在防潮、防光线辐射等几方面同时发挥作用。

B. 包装不仅要防止由外到内的损伤，也要防止由内到外产生的破坏。如化学品的包装如果未达到要求而渗漏，就会对环境造成破坏。

C. 包装对产品的保护还有一个时间的问题，有的包装需要提供长时间甚至几十年不变的保护，如红酒。而有的包装则可以运用简单的方式设计制作，便于销毁。

②方便功能(无声的助手)：包装能使货物和商品便于运输和装卸，便于保管与储藏，便于携带与使用，便于回收与废弃处理。

A. 时间方便性：科学的包装能为人们的活动节约宝贵的时间，如快餐、易开包装等。

B. 空间方便性：包装的空间方便性对降低流通费用至关重要。尤其对于商品种类繁多、周转快的超市来说，是十分重视货架利用率的，因而更加讲究包装的空间方便性。规格标准化包装、挂式包装、大型组合产品拆卸分装等，这些类型的包装都能比较合理地利用物流空间。

C. 省力方便性：按照人体工程学原理，结合实践经验设计的合理包装，能够节省人的体力消耗，使人产生一种现代生活的享乐感。

③促销功能(无声的推销员)：这是包装设计最主要的功能之一。在超市中，标准化生产的产品云集在货架上，不同厂家的商品只有依靠产品的包装展现自己的特色，这些包装都以精巧的造型、醒目的商标、得体的文字和明快的色彩等艺术语言宣传自己。

促销功能以美感为基础，现代包装要求将“美化”的内涵具体化。包装的形象不仅体现出生产企业的性质与经营特点，而且体现出商品的内在品质，能够反映不同消费者的审美情趣，满足他们的心理与生理的需求。

7)货物交接

出库货物无论是要货单位自提，还是交付运输部门发运，发货人员必须向收货人或运输人员按单逐件交接清楚，划清责任。在得到接货人员的认可后，再出库凭证上加盖“货物付讫”印戳，同时给接货人员填发出门证，门卫按出门证核验无误后方可放行。

8)清理档案

货物交接以后应及时进行发货后的处理工作。人工处理过程由发货业务员在出库凭证上填写“实发数”“发货日期”等内容，并签名，然后将出库凭证中的一联及有关证件资料,及时送交货主单位,以便货主办理货款结算事宜。根据留存的一联出库凭证登记实物储存明细账。做到随发随记,日清月结,账面余额与实际库存和卡片相符。出库凭证应该当日清理,定期装订成册,妥善保存,已备查用。采用微机管理系统,应及时将出库信息输入管理系统,系统自动更新数据。

小贴士

出库管理员岗位职责

①主要负责货物出库过程中选用搬运工具与调派工作人员,并安排工具使用时段,以及人员的工作时间、地点、班次等。

②严格按照出库凭证发放货物,做到卡、账、物相符。

③严格对货物进行复查,当出库货物与所载内容不符合时应及时处理,视具体情况,对出库货物进行加工包装或整理。

④严格监督货物的装载上车,进行现场指挥管理。

出库管理员职位要求

①货物出库时,必须凭盖有财务专用章和有关人士签章的出库凭证。出库管理员应仔细检查、核对。

②照单拣货。仓库接到提货通知时,出库管理员应及时进行备货工作,以保证提货人可以按时完整提取货物。在部分货物出库时,应按照先进先出、易坏先出、不利保管先出的原则,安排出货。已损害的货物应动员提货人先行提货,然后根据与提货人达成的协商安排出货,没有协商安排的,暂不出货。

3.3.4 货物出库中发现问题的处理

在货物出库时,若发现有问题,应及时进行处理。常见的问题有:

1)出库凭证(提货单)上的问题

①凡出库凭证超过提货期限,用户前来提货,必须先办理手续,按规定缴足逾期仓储保管费,然后方可发货。任何白条子,都不能作为发货凭证。提货时,用户发现规格开错,保管员不得自行调换规格发货,必须通过制票员重新开票方可发货。

②凡发现出库凭证有疑点,或者情况不清楚,以及出库凭证发现有假冒、复制、涂改等情况时,应及时与仓库保卫部门以及出具出库单的单位或部门联系,妥善

处理。

③货物进库未验收，或者期货未进库的出库凭证，一般暂缓发货，并通知货主，待货到并验收后再发货，提货期顺延。

④如客户因各种原因将出库凭证遗失，客户应及时与仓库发货员和账务人员联系挂失；如果挂失时货已被提走，保管人员不承担责任，但要协助货主单位找回货物；如果货还没有提走，经保管人员和账务人员查实后，做好挂失登记，将原凭证作废，缓期发货。

2）提货数与实存数不符

若出现提货数与货物实存数不符的情况，一般是实存数小于提货数，造成这种问题的原因主要有：

①货物入库时，由于验收问题，增大了实收货物的签收数量，从而造成账面数大于实存数。

②仓库保管人员和发货人员在以前的发货过程中，因错发、串发等差错形成实际货物库存数小于账面数。

③货主单位没有及时核减开的提货数，造成库存账面数大于实际储存数，从而开出的提货单数量过大。

④仓储过程中造成的货物的毁损。

当遇到提货数量大于实际货物库存数量时，无论是何种原因造成的，都需要和仓库主管部门以及货主单位及时取得联系后再作处理。

3）串发货和错发货

所谓串发货和错发货主要是指发货人对货物种类规格不很熟悉的情况下，或者由于工作中的疏漏，把错误规格、数量的货物发出库的情况。在这种情况下，如果货物尚未离库，应立即组织人力，重新发货。如果货物已经提出仓库，保管人员要根据实际库存情况，向本库主管部门和货主单位讲明串发和错发货的品名、规格、数量、提货单位等情况，会同货主单位和运输单位共同协商解决。一般在无直接经济损失的情况下，由货主单位重新按实际发货数冲单（票）解决。如果形成直接经济损失，应按赔偿损失单据冲转调整保管账。

4）包装破漏

包装破漏是指在发货过程中，因货物外包装破散、砂眼等现象引起的货物渗漏、裸露等问题。这种问题主要是在储存过程中因堆垛挤压，发货装卸操作不慎等情况引起的，发货时都应经过整理或更换包装，方可出库 ，否则造成的损失应由仓储部门承担。

5)漏记和错记账

漏记账是指在货物出库作业中,由于没有及时核销货物明细账而造成账面数量大于或小于实存数的现象。错记账是指在货物出库后核销明细账时没有按实际发货出库的货物名称、数量登记,从而造成账实不符的情况。无论是漏记账还是错记账,一经发现,除及时向有关领导如实汇报情况外,同时还应根据原出库凭证查明原因调整保管账,使之与实际库存保持一致。如果漏记和错记账给货主单位、运输单位和仓储单位造成经济损失,应予赔偿,同时追究相关人员的责任。

小链接

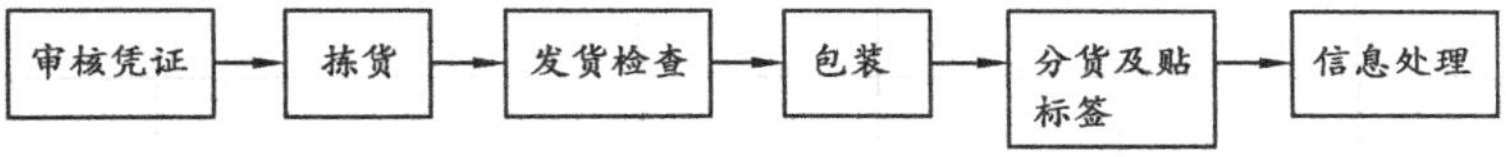

出库作业流程图

3.3.5　货物退货

1)货物退货原因

货物退货是指仓库按订单或合同将货物发出后,由于某种原因,客户将货物退回仓库。通常发生退货或换货的原因主要有:

(1)协议退货

与仓库订有特别协议的季节性货物、试销货物、代销货物等,协议期满后,剩余货物仓库给予退回。

(2)有质量问题的退货

对于不符合质量要求的货物,接收单位提出退货,仓库也将给予退换。

(3)搬运途中损坏退货

货物在搬运过程中造成产品包装破损或污染,仓库将给予退回。

(4)货物过期退回

食品及有保质期的货物在送达接收单位时或销售过程中超过货物的有效保质期,仓库予以退回。

(5)货物送错退回

送达客户的货物不是订单所要求的货物,如货物条码、品项、规格、重量、数量等与订单不符，都必须退回。

无论哪种原因造成的退货业务，都应该及时填写退货单，如表3.9所示。

表3.9 退货单

客户名称： 传真单： 退货日期：

No.	货 号	品 名	规 格	数 量	出货单号	退货原因

2）退货作业程序

（1）接受退货

仓库接受退货要有规范的程序与标准，如什么样的货品可以退，由哪个部门来决定，信息如何传递，等等。仓库的业务部门接到客户传来的退货信息后，要尽快将退货信息传递给相关部门，运输部门安排取回货品的时间和路线，仓库人员作好接收准备，质量管理部门人员确认退货的原因。一般情况下，退货由送货车带回，直接入库。批量较大的退货，要经过审批程序。

（2）重新入库

对于客户退回的货物，仓库的业务部门要进行初步的审核。由于质量原因产生的退货，要放在为堆放不良品而准备的区域，以免和正常货物混淆。退货货物要进行严格的重新入库登记，及时输入企业的信息系统，核销客户应收账款，并通知货物的供应商退货信息。

（3）财务结算

退货发生后，给整个供应系统造成的影响是非常大的，如对客户端的影响、仓库在退货过程中发生的各种费用、货物供应商要承担相应货品的成本，等等。如果客户已经支付了货物费用，财务要将相应的费用退给客户。同时，由于销货和退货的时间不同，同一货物价格可能出现差异，同质不同价、同款不同价的问题时有发生，故仓库的财务部门在退货发生时要进行退回货物货款的估价，将退货货物的数量、销货时的货物单价以及退货时的货物单价信息输入企业的信息系统，并依据销货退回单办理扣款业务。

(4)跟踪处理

退货发生时，要跟踪处理客户提出的意见，要统计退货发生的各种费用，要通知供应商退货的原因并退回生产地或履行销毁程序。退货发生后，首先要处理客户端提出的意见。由于退货所产生的货物短缺、对质量不满意等客户端的问题是业务部门要重点解决的。退货所产生的物流费用比正常送货高得多，所以要认真统计，及时总结，将此信息反馈给相应的管理部门，以便指定改进措施。退货仓库的货物要及时通知供应商，退货的所有信息要传递给供应商，如退货原因、时间、数量、批号、费用、存放地点等，以便供应商能将退货货物取回，并采取改进措施。

【做一做】

一、经典案例阅读

家乐福存货管理研究

目前，在我国制造业的物料管理中，存在着许多有待解决的问题。但同时大型流通零售企业在近年的发展中都形成了很好的物流经验，特别是沃尔玛、家乐福等国际零售企业在发展中形成了良好的存货控制、仓储管理、信息管理的系统。这些经验为我国制造业物料管理提供了良好的借鉴。物料管理分为需求估算、购料订货、仓储作业以及账务处理4个阶段，本研究就从上述这4个阶段出发，结合零售业家乐福的做法进行具体的阐述。

一、需求估算阶段

第一个环节是计划环节(Plan)。预先周全的计划，可以防止各种可能的缺失，也可以使人力、设备、资金、时机等各项资源得到有效充分的运用，又可以规避各类可能的大风险。制订一个良好的库存计划可以减少公司不良库存的产生，又能最大效率地保证生产的顺利进行。

1. 家乐福的库存计划模式

在库存商品的管理模式上，家乐福实行品类管理(Category Management)，优化商品结构。一个商品进入之后，会有POS机实时收集库存、销售等数据进行统一的汇总和分析，根据汇总分析的结果对库存的商品进行分类。然后，根据不同的商品分类拟订适宜的库存计划模式，对各类型的商品分类制订不同的订货公式的参数。根据安全库存量的方法，当可得到的仓库存储水平下降到确定的安全库存量或以下的时候，该系统就会启动自动订货程序。

2. 从家乐福获得的启示

①运用ABC法对物料进行分类管理。运用ABC分类法对所有物料进行分类。家乐福根据流量大、移动快速，流量始终以及流量低、转移速度慢3种情况把物料分为A、B和C 3类。这就有助于管理部门为每一个分类的品种确立集中的存货战略。

②根据品类管理制订不同的库存计划模式。大致而言，存货的管理模式有7种模式：A/R法（订单直接展开法）、复仓法、安全存量法、定时定购法、定量定购法、MRP法（用料需求规划法）以及看板法。在同一个企业中，同时可以存在两种甚至以上的库存计划模式，这取决于物料的类型和企业的管理制度。现假设一家制造企业的物料已经按照ABC分类的概念并结合自身的情况进行了品种分类，分别为A类物料、B类物料和C类物料。A类的特性为：流量大、移动快速，在企业物料中最为重要。管理方式就会采取严密的管理方式和预测准确的库存计划，即使预测的成本较高，也要尽可能使无效库存数为零。管理模式可以采用MRP方式。B类的特征为：流量均衡，重要性仅次于A类的物料；宜采用管理中度的管理方式；原则上，同时容许少量风险的无效库存的存在，管理模式可以采取安全存量的管理方式。C类的特征为：流量低或转移缓慢，相对重要性也较低；管理方式采用宽松的管制即可，简化仓储出库、入库手续；管理模式是复仓法。

二、购料订货阶段

计划层面（Plan）的下一个层面即为实施层面（Do），也就是购料订货阶段。在选用合理的存货管理模式后，就根据需求估算的结果来实施订货的动作。以确保购入的货物能够按时、按量地到达，保证以后生产或销售的顺利进行。

1. 家乐福的购料订货模式

在家乐福有一个特有的部门——OP（Order Pool），也就是订货部门，是整个家乐福的物流系统核心，控制了整个企业的物流运转。在家乐福，采购与订货是分开的。由专门的采购部门选择供应商，议定合约和订购价格。OP则负责对仓库库存量的控制；生成正常订单与临时订单，保证所有的订单发送给供应商；同时进行库存异动的分析。作为一个核心控制部门，它的控制动作将它的资料联系到其他各个部门。对于仓储部门，它控制实际的和系统中所显示的库存量，并控制存货的异动情况；对于财务部门，它提供相关的入账资料和信息；对于各个营业部门，它提供存量信息给各个部门，提醒各部门根据销售情况及时更改订货参数，或增加临时订量。

2. 从家乐福获得的启示

①在公司内部形成一个控制中心。在公司内部形成一个类似 OP 的专门的控制部门,以它为中心,成射线状对企业其他各个部门形成控制,对财务提供资料,同时对各个营运部门形成互动的联系。可以形容为“牵一发而动全身”。在制造企业的内部。我们同样需要一个得力的控制中心的存在。

②明确各个部门的职责。在订货这个流程中,如果各个部门的职责没有分清的话,订货的效率会显然降低,或者说订货出错的概率会增加。在制造业中,我们需要让采购、仓库、财务、生产各个部门的职责明白清晰,物料管理的效率才能够提高。

③优化进货流程。比较家乐福的订货流程,可以拟出制造业的一个进货流程:A. 电脑根据订货公式,计算自动订单;B. 由业务员人工审核确认后,由计算机输出,发给供应商;C. 供应商凭借计算机订单及订单号送货;D. 收货员下载订单到收货终端,持收货终端验收商品,未订货商品无法收货(严格控制未订货商品);E. 上传终端数据至电脑系统,生成电脑验收单(超出订货数量商品,作为赠品验收或退还供应商);F. 将电脑验收单加盖收货章后交给供应商作为结算凭证;G. 进行业务每日查验,填写《超期未到货订单汇总表》,确保供应商准时送货。

通过上述流程,可以达到优化进货流程的目的。

三、仓储作业阶段

1. 家乐福的仓储作业

家乐福的做法是将仓库、财务、OP、营业部门的功能和供应商的数据整合在一起。从统一的视角来考虑订货、收货、销售过程中的各种影响因素。因此,看家乐福仓储作业的管理就必须联系它的 OP、财务、营业部门来看,这是一个严密的有机体。仓库在每日的收货、发货之外会根据每日存货异动的资料,存量资料的数据传输给 OP 部门,OP 则根据累计和新传输的资料生成各类分析报表。同时,家乐福已逐步用周期盘点(Cycle Count)代替传统一年两次的“实地盘点”。在实行了周期盘点后,家乐福发现,最大的功效是节省了一定的人力、物力、财力,因为没有必要在两次实地盘点的时候兴师动众了。同时,盘点的效率得到了提高。

2. 从家乐福所获得的启示

①加强仓库的控制作用。根据“战略储存”的观念,仓库在单纯的存储功能以外还有更重要的管理控制的功能。第一,加强成品管理,有效维护库存各物料的品质与数量。第二,强化料账管理,依据永续盘存的会计理念进行登账管理。第三,要及时提供库存资讯情报,要具备稽核功能(统计功能)。以料、账和盘点的数据为基准,制订出有关资讯报表。第四,注重呆废料管理。通过制订呆废料分析表,利用检查及分析等手段使仓库中的呆废料突显出来,并及早活用,最大限度地减少

损失。

②推行周期盘点。家乐福利用周期盘点(cycle count)代替一年两次实地盘点的做法在一定程度上也是值得制造业企业学习的。“周期盘点”以一个月或几星期为一个周期,根据品类管理对物料分类,同样也对所储存的物料进行盘点周期的分类。每一次盘点若干个储位或料项,根据盘点的结果进行调整,并生成周期盘点的相关报表。采用“周期盘点”可以达到缩短盘点周期、及早发现“人”的问题以及仓储中存在的问题。但周期盘点的实施需要企业财务、采购、仓库各个部门有更强的控制能力和相互间联系反应的能力。

案例思考题

1. 你认为家乐福超市的存货管理有哪些优点?
2. “周期盘点”的含义你是怎样理解的?

二、实训活动

实训项目 1

◎ 内容

入库货物的接运与验收

◎ 目的

通过本项目实训操作,让学生掌握货物接运的主要方式、货物验收的基本要求和程序,提高货物接运与验收的实际操作技能。

◎ 人员

1. 实训指导:任课老师
2. 实训编组:学生按 8 ~ 10 人分成若干组,3 人为送货员,5 人为收货员。

◎ 步骤

1. 准备

①标有“金龙鱼色拉油”的空纸箱 18 个,标注“雕牌洗衣粉”的空纸箱 10 个,标注“中华牙膏”的空纸箱 4 个,金龙鱼色拉油 180 桶(6 桶设置封口开裂),雕牌洗衣粉 240 袋(3 袋设置外包装受损),中华牙膏 400 支(设置部分纸箱有水渍痕迹)。

②相关单据:入库通知单、送货单、验收单、产品合格证、入库货物异常报告。

2. 选题

石家庄大发商贸有限公司委托石家庄三友货运有限公司运送一批商品到石家庄南丰仓储有限公司,货物详细情况如下表所示,请以南丰仓储的名义,做好这批商品的接运和验收工作。

货物明细表

品　名	规　格	单　位	数　量	包　装
金龙鱼色拉油	1.8升	桶	180	10桶/箱
雕牌洗衣粉	500克	袋	240	24袋/箱
中华牙膏	180克	支	400	100支/箱

3. 训练

第一步:送货员向收货员出示送货单。

第二步:核对货物凭证。

第三步:收货员对货物进行验收(数量、质量、包装)。

第四步:验收结果处理。

4. 考核

考核内容	考核标准	分　值	学生得分
货物的入库	凭证审核认真、全面、无遗漏	20	
	验收仔细、全面	30	
	验收结果处置得当(有记录)	30	
	单证填写规范、正确	20	
合　计		100	

实训项目2

◎ 内容

出库作业程序。

◎ 目的

通过对本项目的实训操作,使用学生熟练掌握商品的一般出库程序,培养和提高学生的实际动手能力。

◎ 人员

1. 实训指导:任课老师。

2. 实训编组:将学生分组,每组10人。2人为出库业务受理员,2人为保管员,2人为复核员,2人为理货员,2人充当司机。

◎ 步骤

1. 准备

纸箱61只,分别标明Acer、宏基商务机、东芝、IBM;标准塑料托盘2个;手推车一辆;提货单、出货单、发货单、发货清单、货物资料卡、货物异常报告表、入库通知单、验收单、货物资料卡、货物保管账页、入库单、送货单、到接货交接单、合格证。

2. 选题

铁运物流公司接到客户的出库请求,要从该公司提取存储的电脑,见表1。这些电脑分别送往5个外地客户,见表2。出库方式为送货上门。请完成该订单的出库作业。

表1　出库商品信息表

序　号	商　品	规　格	数量/箱	包　装
1	Acer	2420-200512C	12	纸箱装
2	宏基商务机	4520-401G12CI	15	纸箱装
3	东芝	PSLA0-01Q004	18	纸箱装
4	IBM	R61	16	纸箱装

表2　客户电脑需求情况一览表

客户名称	商品需求品种及数量			
	Acer	宏基商务机	东芝	IBM
外地客户1	3	2	3	1
外地客户2	2	3	3	3
外地客户3	1	4	4	5
外地客户4	3	3	4	4
外地客户5	3	3	4	3

3. 训练

第一步:出库业务受理员做好出库准备。

第二步:出库,保管员备货、理货、复核、清点交接和装车。

4. 考核

考核内容	考核标准	分　值	学生得分
出库作业情景操作	出库前准备工作充分	20	
	认真审核出库单证	20	
	备货区核对相关内容	30	
	及时填写异常处理报告	10	
	作业程序正确	20	
合　计		100	

【任务回顾】

通过对仓储作业过程的学习，使学生掌握货物在入库作业、在库作业、出库作业过程中主要内容。货物入库作业前应做好入库准备工作；入库作业时，按照要求编制入库作业计划，按照货物接运、核对单证、初验、办理交接手续、货物验收和信息处理的程序开展工作。货物的在库管理主要包括将货物存放在适宜的场所和位置以及对库存货物各种技术证件、单据、凭证、账卡等进行信息化管理。货物堆码是入库货物堆存的操作及其方式、方法的总称，是仓储作业的一个重要环节。货物堆码方式有：散堆式、垛堆式、货架式和成组式。货物苫垫是和货物堆码操作联系密切的一个环节，货物苫垫是否合理将关系到储存货物的安全和质量，在具体选择苫垫方式时应考虑货物的性能、季节气候的变化以及是否便于货物的管理。货物盘点作业也是仓储必不可少的一项工作，通过盘点保证账账相符、账实相符，保证货物的安全。货物的出库是仓库作业的最后一个环节，也是货物进行流通的开始，货物出库的一般程序包括出库凭证审核、出库信息处理、拣货、分货、出库检查、包装、货物交接和发货后处理等。

【名词速查】

1. 货物的接运

货物的接运是指仓库对于通过铁路、水运、公路、航空等方式运达的货物办理交接手续，为货物入库做准备。

2. 入库验收

入库验收是指仓库在商品正式入库前，按照一定的程序和手续，对到库商品进行数量和外观质量的检查，以验证商品是否符合订货合同规定的一项工作。

3. 交接手续

交接手续是指仓库对收到的货物向送货人进行的确认，表示已接收货物。

4. 立卡

货物入库或上架后，将货物名称、规格、数量或出入状态等内容填在料卡上，称为立卡。

5. 货物分类分区

货物分类分区是对储存货物在“四一致”（货物性能一致、养护措施一致、作业手段一致、消防方法一致）的前提下，把货物储存区划分为若干保管区域，根据货物大类和性能等划分为若干类别，以便分类集中保管。

6. 货位

货位是指仓库中实际可用于堆放商品的面积。

7. 货物养护

货物养护是指仓库根据货物的特征，结合仓库的具体条件，采取各种科学手段对货物进行保养，防止或延缓货物质量变化的行为。

【任务检测】

一、单项选择题

1. 温度仪属于(　　)。

A. 计量设备　B. 劳动防护用品　C. 消防安全设备　D. 养护检验设备

2. 在仓库中,质量验收主要进行的是(　　)。

A. 商品外观检验　　B. 化学成分检验

C. 商品的尺寸检验　　D. 机械物理性能检验

3. 对化学品的储存,应依据(　　)分区分类储存。

A. 不同货主　　B. 商品的流向

C. 商品的危险性　　D. 货物的种类和性质

4. 在对货架上的各货位进行编号时,顺序应是(　　)。

A. 从下到上,从左到右,从外到里

B. 从上到下,从左到右,从里到外

C. 从上到下,从右到左,从里到外

D. 从下到上,从右到左,从外到里

5. 对货物进行盘点的方法一般采用(　　)。

A. 实地盘点法　　B. 账面盘点法

C. 统计盘点法　　D. 点算盘点法

二、多选题

1. 以下各项中,属于仓储入库阶段的是(　　)。

A. 接运　B. 出库　C. 验收　D. 保管保养　E. 内部验收

2. 对货物进行质量检验的形式有(　　)。

A. 商品外观检验　　B. 商品的尺寸检验

C. 商品的数量检验　　D. 化学成分检验

3. 商品出库的形式主要有(　　)。

A. 自提　B. 送货　C. 转仓　D. 过户　E. 取样

4. 出库业务的核单工作即保管员接到出库凭证后,应仔细核对(　　)。

A. 商品明细　　B. 提货单位相关事宜

C. 出库凭证的真实性　　D. 出库凭证的有效期

E. 自提商品,还需要检查有无财务部门准许发货的签单

5. 有关仓库中货物堆码的原则,主要有便于识别原则、便于点数原则、重下轻上原则和(　　)。

A. 面向通道进行保管原则

B. 根据出库频率选定位置原则

C. 同一商品在同一地方保管原则

D. 尽可能地向高处堆码原则

E. 依据形状安排保管方法原则

三、判断题

1. 入库验收是商品入库业务流程的第一道作业环节。（ ）

2. 在商品出库备料时应本着“先进先出，易霉易坏先出，接近失效期先出”的原则，根据领料数量下堆备料或整堆发料。（ ）

3. 货物保管明细账是在库货物清查盘点的依据。（ ）

4. 在金属制品的储存中，一般采用涂泊、密封来防锈，用化学药剂进行除锈。（ ）

5. 包装应符合货物性能的要求，对于液体货物，采用密闭、牢固的包装材料。（ ）

四、思考题

1. 简述仓库作业过程。

2. 简述对货位编号的方法。

3. 简述货物分类分区所遵循原则。

4. 货物盘点包括哪些内容？

参考答案

一、单项选择题

1. D　2. A　3. A　4. A　5. D

二、多选题

1. AC　2. ABDE　3. ABCD　4. ABCDE　5. BCDE

三、判断题

1. √　2. ×　3. √　4. ×　5. √

四、思考题

1. 简述仓库作业过程。

仓储作业流程是货物从库外流向库内，经过合理停留再流向库外的作业过程。仓储管理的内容主要包括：①选择货位；②接运和验收；③入库交接和登记；④堆垛；⑤盘点；⑥养护；⑦出库；⑧退货。

仓储作业过程可分为3个阶段，入库作业阶段、在库作业阶段、出库作业阶段，如图示：

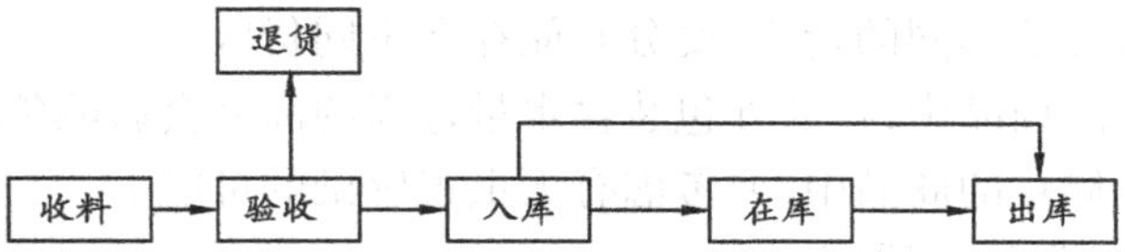

2. 简述对货位编号的方法。

①地址法。利用保管区中的现成建筑物第几栋、区段、排、行、层、格等，按相关顺序编号。

A. 通常采用的编号方法为“四号定位”法。“四号定位”是采用4个数字号码对应库房（货场）、货架（货区）、货架列位（垛位）、层次（排次）、进行统一编号。

B. 货场货位编号。一般有两种方法。

a. 按照货位的排列编成排号，再在排号内顺序编号。

b. 不编排号，采取自左至右和自前至后的方法，顺序编号。

C. 其他方法。

a. 以排为单位的货架货位编号。将库房内所有的货架，以进入库门的方向，自左至右安排编号，继而对每排货架的夹层或格眼，在排的范围内自上至下、自前至后的顺序编号。货位编号有时也采用“三号定位”法。即用3个数字号码表示，个位数指仓间编号，十位数指楼层编号，百位数指仓库的编号。

b. 以品种为单位的货架货位编号。将库房内的货架，以商品的品种划分储存区域后，再以品种占用储存区域的大小，在分区编号的基础上进行格眼编号。

以货物编号代替货架货位编号。适用于进出频繁的零星散装商品。在编号时要掌握货架格眼的大小、多少与存放商品的数量、体积大小相适应。

②区段法。把保管区分成不同的区段，再对每个区段进行编码。这种方法以区段为单位，每个号码代表的储区较大。区域大小根据物流量大小而定。

③品类群法。把一些相关性商品经过集合后，区分成几个品项群，再对每个品项群进行编码。适用于容易按商品群保管的场合和品牌差距大的商品。例如：服饰群、五金群、食品群等。

3. 简述货物分类分区所遵循的原则。

（1）确保货物安全原则

为确保货物质量安全，在货位的选择时，应注意以下几个方面的问题：

①怕潮、易霉、易锈的货物，应选择干燥或密封的货位。

②怕光、怕热、易溶的货物，应选择低温的货位。

③怕冻的商品，应选择不低于0 ℃的货位。

④易燃、易爆、有毒、腐蚀性、放射性的危险品，应存放在郊区仓库分类专储。

⑤性能相互抵触或有挥发性、串味的货物，不能同区存储。

⑥消防灭火方法不同的货物，要分开储存在不同货区。

⑦同一货区的商品中，存放外包装含水量过高的商品会影响邻垛商品的安全。

⑧同一货区储存的商品中，要考虑有无虫害感染的可能。

(2)方便吞吐发运的原则

(3)尽量节约仓容的原则

4.货物盘点包括哪些内容？

①查数量，通过盘点查明库存货物的实际数量，核对库存账面数量与实际库存数量是否一致，这是盘点的主要内容。

②查质量，检查在库货物质量有无变化，包括：受潮、锈蚀、发霉、干裂、鼠咬，甚至变质情况；检查有无超过保管期限和长期积压现象；检查技术证件是否齐全，是否证物相符；必要时，还要进行技术检验。

③查保管条件，检查库房内外储存空间与场所利用是否恰当；储存区域划分是否明确，是否符合作业情况；货架布置是否合理；货物进出是否方便、简单、快速；工作联系是否便利；搬运是否方便；传递距离是否太长；通道是否宽敞；储区标志是否清楚、正确、有无脱落或不明显；有无废弃物堆置区；温湿度是否控制良好。检查堆码是否合理稳固，苫垫是否严密，库房是否漏水，场地是否积水，门窗通风洞是否良好，等等。总之，检查保管条件是否与各种货物的保管要求相符。

④查设备，检查各项设备使用和养护是否合理；是否定期保养；储位、货架标志是否清楚明确，有无混乱；储位或货架是否充分利用；检查计量器具和工具，如皮尺、磅秤以及其他自动装置等是否准确，使用与保管是否合理，检查时要用标准件校验。

⑤查安全，检查各种安全措施和消防设备、器材是否符合安全要求；检查使用工具是否齐备、安全；药剂是否有效；货物堆放是否安全，有无倾斜；货架头尾防撞杆有无损坏变形；检查建筑物是否损坏而影响货物储存；对于地震、水灾、台风等自然灾害有无紧急处理对策等。

任务 4
进行库存控制

教学要求

1. 陈述库存的含义和分类；
2. 陈述库存的功能及库存合理化的内容；
3. 清楚经济订货批量法的计算方法；
4. 认识定量订货法与定期订货法的原理以及适用范围；
5. 清楚安全库存的含义及其计算方法；
6. 描述 ABC 分类法的原理及应用方法；
7. 陈述 JIT,MRP 库存控制的方法。

学时建议

知识性学习 8 课时；

案例学习 2 课时。

【导学语】

你知道什么是库存控制吗？企业为什么要进行库存控制？

【学一学】

库存控制是仓储管理的一个重要组成部分。它是在满足顾客服务要求的前提下通过对企业的库存水平进行控制，力求尽可能降低库存水平、提高物流系统的效率，以提高企业的市场竞争力。库存控制要考虑下面几个方面：销量、到货周期、采购周期、特殊季节、特殊需求，等等。库存控制的作用主要是在保证企业生产、经营需求的前提下，使库存量经常保持在合理的水平上；掌握库存量动态，适时、适量提出订货，避免超储或缺货；减少库存空间占用，降低库存总费用；控制库存资金占用，加速资金周转。

4.1 什么是库存

4.1.1 库存的含义和分类

1)库存的含义

库存是指处于储存状态的商品，是储存的表现形态。库存是仓储的最基本的功能，除了进行商品储存保管外，它还具有整合需求和供给，保持物流系统中各项活动顺畅进行的功能。企业为了能及时满足客户的进货需求，就必须经常保持一定数量的商品库存。配送中心为了保持配送的顺利进行就必须预先储存一定数量的商品来满足订货需求。企业存货不足，会造成供货不及时、供应链断裂，丧失市场占有率或交易机会;社会整体存货不足,会造成物资贫乏、供不应求。而商品库存需要一定的维持费用,同时还存在由于商品积压和损坏而产生的库存风险。因此,在库存管理中既要保持合理的库存数量,防止缺货和库存不足,又要避免库存过量,发生不必要的库存费用。

2)库存的分类

按照企业库存管理的目的,库存可以分为以下几种类型:

(1)经常库存

经常库存也叫周转库存,是指为满足客户日常的需求而建立的库存。经常库存的目的是衔接供需,缓冲供需之间在时间上的矛盾,保障供需双方的经常活动都能顺利进行。这种库存的补充是按照一定的数量界限或时间间隔反复进行的。

(2)安全库存

安全库存是指为了防止由于不确定因素(如突发性大量订货或供应商延期交货)的影响而准备的缓冲库存。例如,为了防止供应商可能发生的生产事故、原材料运输不能按期到达等意外情况造成材料供应短缺,需要设立安全库存。产品销售的不可预测性,也要储存一定量的成品库存。

(3)加工和运输过程库存

加工库存是指处于流通加工或等待加工而处于暂时储存状态的商品。运输过程的库存是指处于运输状态(在途)或为了运输的目的(待运)而暂时处于储存状态的商品。这两种方式都属于中转库存。

(4)季节性库存

季节性库存是指为了满足特定季节中出现的特定需求而建立的库存,或指对季节性生产的商品在出产的季节大量收储所建立的库存。如空调机、日历等商品具有明显的季节性消费特征。在某些季节的销售高峰期,产品会供不应求;在其他季节,产品则会滞销。因此,需要在高峰季节来临之前开始生产,并保持一定量的库存。

(5)促销库存

促销库存是指为了应付企业的促销活动产生的预期销售增加而建立的库存。

(6)时间效用库存

时间效用库存是指为了避免商品价格上涨造成损失,或为了从商品价格上涨中获利而建立的库存。

(7)沉淀库存或积压库存

沉淀库存或积压库存是指商品品质变坏或损坏，或者是因没有市场而滞销的商品库存，还包括超额储存的库存。

4.1.2 库存的功能

在现实经济生活中，商品的流通并不是始终处于运动状态的，作为储存的表现形态的库存是商品流通的暂时停滞，是商品运输的必需条件。没有商品储存就不会有商品流通，库存在商品流通过程中有其内在的功能。

1)具有调节供需矛盾，消除生产与消费之间时间差的功能

不同的产品(商品)，其生产和消费情况是各不相同的，有些产品的生产时间相对集中，而消费则是均衡的；有些产品生产是均衡的，而消费则是不均衡的。比如粮食等农作物集中在秋季收获，但粮食在一年之中是均衡消费；清凉饮料和啤酒等产品一年四季都在生产，但其消费在夏季相对比较集中。这表明，生产与消费之间，供给与需求两方面，在一定程度上存在着时间上的差别。为了维护正常的生产秩序和消费秩序，尽可能地消除供求之间、生产与消费之间上的不协调性，库存起到了调节作用，它能够很好地平衡供求关系、生产与消费关系，起到缓冲供需矛盾的作用。

2)具有创造商品的"时间效用"功能

所谓"时间效用"就是同一种商品在不同的时间销售(消费)，可以获得不同的经济效果。为了避免商品价格上涨造成损失或为了从商品价格上涨中获利而建立的投机库存恰恰满足了库存的"时间效用"功能。但也应该看到，在增加投机库存的同时，也占用了大量的资金和库存维持费用。但只要从经济核算角度评价其合理性，库存的"时间效用"功能就能显示出来。

小贴士

投机和时间效用

投机本意为迎合时机，特指乘机以牟取私利。

时间效用指的是某一规律、某一约束、某一承诺等是在一定的时间范围内有效的，也只能在一定时间内有用，超过一定时间就会失效。

3)具有降低物流成本的功能

对于生产企业而言,保持合理的原材料和产成品库存,可以消除或避免因上游供应商原材料供应不及时而需要进行紧急订货而增加的物流成本,也可以消除或避免下游销售商由于销售波动进行临时订货而增加的物流成本。

需要特别指出的是,我们强调的是“合理的库存水平”。因为过多的库存,不仅不会降低物流成本,反而会增加仓储管理费用。特别是随着以日本丰田公司为代表的即时制(Just In Time,JIT)思想的提出以及成功应用,越来越多的人认为库存是不应该存在的事物。丰田公司认为,库存掩盖了企业的问题,库存水平降低,这些问题才会暴露出来,同时,库存是一种巨大的浪费。

4.1.3 库存管理

1)需求

需求可以有不同的形式:间断的或连续的,如商业存储系统中,顾客对时令商品的需求是间断的,对日用品的需求是连续的;均匀的或不均匀的,如工厂自动生产流水线对电力的需求是均匀的,而城市对电力的需求则是不均匀的;独立的和相关的;确定性的和随机的等。

(1)独立需求与相关需求

20 世纪 60 年代, IBM 公司的约瑟夫・奥列基博士提出了将物料的需求分为独立需求与相关需求的概念。

所谓独立需求,就是物料的需求由供需双方决定,与其他物料无关。如在企业内部,最终产品、维修用的零部件、办公用品等是独立需求。

相关需求也称为从属需求,是指物料的需求量存在一定的相关性。一种物料的需求是由另外一种物料的需求引起的,这样,物料的需求不再具有独立性。相关需求是物料需求计划(Material Requirement Planning, MRP)的主要研究对象。如在企业内部,产品的零部件的需求则属于相关需求。独立需求与相关需求如图 4.1 所示。

(2)确定性需求与随机需求

需求还可以分为确定性的和随机性的,如生产活动中对原材料的需求一般是确定的,而销售活动中对商品的需求则往往是随机的。对于随机需求,主要通过分析其概率分布来研究。

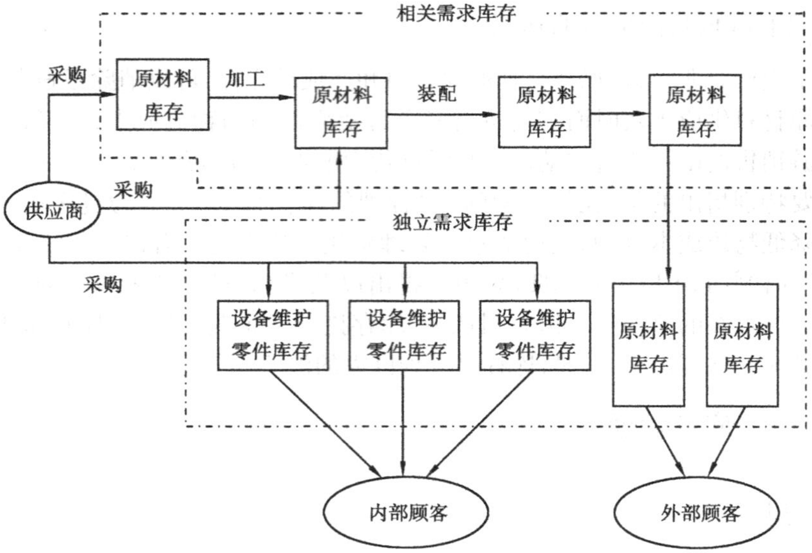

图 4.1　独立需求与相关需求

2）订货点、订货批量和订货提前期

（1）订货点和订货批量

随着物品的出库，其库存量会下降到某一点，这时就要补充订货，否则就要缺货，影响公司的正常运营。这个点就称为订货点，所订购的数量称为订货批量。

（2）订货提前期

一旦库存量降到订货点并安排了订货，等待物品到货以补充库存，这种等待时间称为订货提前期，或简称提前期。它是从订货开始到收到订货批量为止的一段时间。严格来讲，提前期是不确定，是随机的，但在应用中，我们经常将它近似看作一个确定的常数。

3）库存评价指标

（1）库存周转率

库存周转率可以表示为年销售金额与平均库存投资的比值。例如，某种产品年销售额为 200 万元，平均库存投资为 40 万元，则其库存周转率为 5。即库存资金在一年内周转了 5 次。

库存周转率常用来比较同行业的不同公司之间的库存管理水平，高的库存周转率往往意味着高的库存投资回报。但是,库存周转率无法评价库存系统在满足顾客需求方面的性能。

(2)产品满足率

产品满足率就是当顾客对某种产品提出需求时,库存系统中有存货,能够立刻满足顾客需求的百分率。例如,97%的顾客满足率意味着当顾客提出供货商求时,有3%的货品库存系统中没有。

(3)订单满足率

订单满足率就是当顾客发出某个订单需求时,库存系统中有该订单中的所有产品,能够立刻满足顾客需求的百分率。由于顾客订单位往会同时包括多种产品,因此,订单满足率常常会低于产品满足率。

(4)库存平均周转时间

即平均库存量与平均需求的比值。例如,某电脑销售商的订货批量为160台,平均每天销售16台,则平均库存为160台/2=80台,平均需求为16台,所以,平均周转时间为5天。

4.1.4 库存合理化

库存合理化是指以最经济的方法和手段从事库存活动,并发挥其作用的一种库存状态及其运行趋势。具体来说,库存合理化包括以下内容:

1)库存"硬件"配置合理化

库存"硬件"是指各种用于库存的基础设备。实践证明,物流基础设施和设备数量不足,其技术水平落后,或者设备过剩、闲置,都会影响库存功能作用的有效发挥。如果设施和设备不足,或者技术落后,不但库存作业效率低下,而且也不可能对库存物资进行有效的维护和保养;如果设施和设备重复配置,以致库存能力严重过剩,也会增加被储物资的成本而影响库存的整体效益。因此,库存"硬件"的配置应以能够有效地实现库存职能,满足生产和消费需要为基准,做到适当合理地配置仓储设施和设备。

2)组织管理科学化

库存组织管理科学化有这样几种表现:

①货物数量保持在合理的限度之内。既不能缺少,也不能过多。

②货物存储的时间较短,货物周转速度较快。

③货物存储结构合理,能充分满足生产和消费的需要。

④库存结构符合生产力的发展需要。

从微观上说，合理的库存结构是指在总量上和存储时间上，库存货物的品种和规格的比例关系基本上是协调的；从宏观上说库存结构符合生产力发展的要求，意味着库存的整体布局、仓库的地理位置和库存方式等应有利于生产力的发展。在社会化大生产条件下，为了发展规模经济和提高生产、流通的经济效益，库存适当集中应当是库存合理化的一个重要标志。因为，库存适当集中，除了有利于采用机械化、现代化方式进行各种操作外，更重要的是，它可以在降低存储费用和运输费用以及在提供能力等方面取得优势。无数事实证明，以集中化的库存来调节生产和流通，在一定时期内，库存货物的总量会远远低于同时期分散库存的货物总量。因此，相对来说，其资金占有量是比较少的。与此同时，由于库存比较集中，存储货物的种类和品种更加齐全，在这样的结构下，库存的保供能力自然更加强大。

4.2 确定型需求库存控制

4.2.1 经济订货批量法

库存控制研究的是在什么时间、以什么数量、从什么来源补充库存，使得库存和补充采购的总费用最少。早在 20 世纪初期 Haris 就建立了经济订货公式（EOQ）。20 世纪 50 年代后，经过数十年的发展和完善，EOQ 及其变形已形成较为完善的库存控制体系，并在实际中得到了广泛的应用。

EOQ 通过费用分析求得在库存总费用为最小时的订购批量，用以解决确定型需求物品的库存控制问题。EOQ 库存控制模型中的费用主要包括：

①库存保管费用，是指保管存储物资而发生的费用，包括存储设施的成本、搬运费、保险费、折旧费、税金以及货物变质损坏等支出的费用。显然，这些费用随库存量的增加而增加。

②订货费，指每进行一次订货时所发生的费用，主要包括差旅费、通信费、手续费以及跟踪订单的成本等。订货费与每次订货量的多少无关，在年需求一定的情况下，订货次数越多，则每次订货量越小，而全年订货成本越大，分摊每次订货费也越大。

③缺货费，指由于缺货，不能为顾客服务所发生的费用，或由于紧急订货而支付的特别费用，或由于失去了对顾客的销售而没有得到预定的利益以及由于一些难以把握的因素，而造成信誉损失所产生的不良后果等。增大库存量，可减少缺货，但库存保管费会大大增加。

EOQ 的控制原理就在于控制订货批量，使年度总库存成本最小。其中：年度总库存成本 = 年度采购成本 + 库存保管费 + 订货费 。

假设:商品需求量均衡、稳定,年需求量为固定常数,价格固定,年度采购成本(指所采购货物的价值,等于年需求量×价格)为固定常数,且与订购批量无关。则年度总库存成本与批量的关系如图4.2所示。

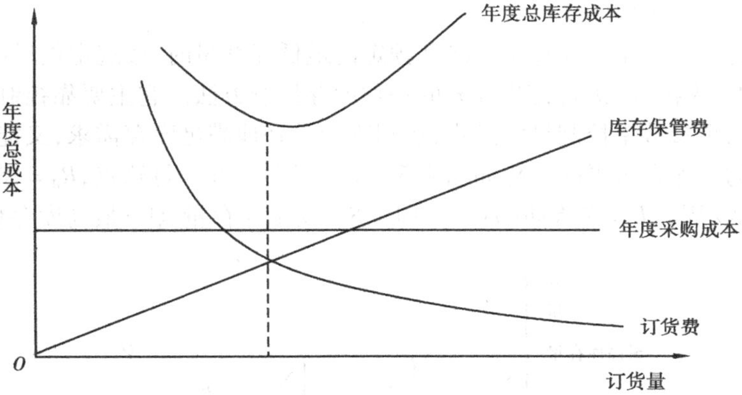

图4.2　经济订购批量

从图4.2可见,如果只考虑库存持有成本,则订购批量越小越好,而总订购成本随订购批量的增加而减少;如果只考虑订购成本,则订购批量越大越好。因此,应权衡考虑两种成本,使总成本达到最小的订购批量即为最优订购批量。库存保管费随订购量增大而增大,订货费用随订购量增大而减少,而当两者费用相等时,总费用曲线处于最低点,这时的订货量为EOQ。

用数学公式表示,经济订货批量为:$EOQ = \sqrt{\dfrac{2DS}{IC}}$

式中　EOQ——每次订货数量(以单位计);

D——年需求量(以数量计);

S——订货成本(以金额计);

I——年存货成本占单位成本的百分比;

C——商品的单位成本(以金额计)。

例1　某超市估计每年能销售15 000套电动工具。这些工具每件成本为900元。损坏、保险费、呆账及失窃等费用等于这些工具成本的10%(或每件90元)。单位订货成本为250元。经济订货批量为:

$$\text{经济批量 EOQ} = \sqrt{2 \times 15\,000 \times \frac{250}{900 \times 10\%}}\ \text{元} = 290\ \text{元}$$

考虑到需求、价格上涨、数量折扣及可变的订货成本和占用成本等方面的变化,必须经常修订EOQ公式。

4.2.2 定量订货法和定期订货法

1)定量订货法

定量订货法是指当库存水平降到预定的最低库存量时,按规定数量(一般以经济批量 EOQ 为标准)进行订货补充的一种库存控制方法。它主要靠控制订货点和订货批量两个参数来控制订货进货,达到既能最好地满足库存需求,又能使总费用最低的目的。库存水平的变化如图 4.3 所示,图中 ROL = 订购点,R_d = 需求或使用速度(月/天/周),L = 交货期(月/天/周),S = 安全库存量、Q = 最高库存量。

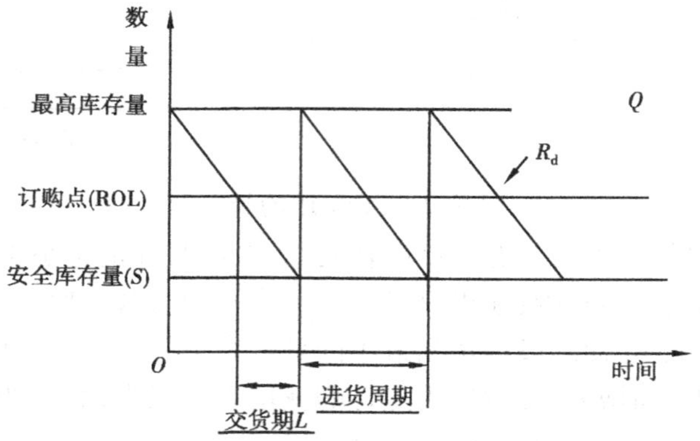

图 4.3　定量订货法

实施定量订购法主要靠控制两个参数:一个是订货点,即订货点库存量;另一个是订货批次的数量,即经济批量 EOQ。

订货批次的数量,即经济批量 EOQ 的确定,可以按上一个问题的方法确定,这里重点介绍订货点的确定。

通常订货点的确定主要取决于需要量、订货提前期和安全库存这 3 个因素。在需要量固定均匀、订货提前期不变的情况下,订货点的计算公式为:

订货点 = 平均每天需要量 × 订货提前期 + 安全库存

安全库存 =(预计每天耗用量 - 每天正常耗用量)× 订货提前期

2)定期订货法

(1)定期订货法的概念

定期订货法是按预先确定的订货时间间隔按期进行订货,以补充库存的一种库存控制方法。其决策思路是：每隔一个固定的时间周期检查库存项目的储备量。根据盘点结果与预定的目标库存水平的差额确定每次订购批量。这种库存控制系统的储备量变化情况如图 4.4 所示，这里假设需求为随机变化，每次盘点时的储备量都是不相等的，为达到目标库存水平 I_{max0} 而需要补充的数量也随着变化，图中：t_1 = 订货提前期、T_1 = 订货周期、Q_1 = 订货量、I_{max} = 最高库存量，t_2，t_3…以此类推。

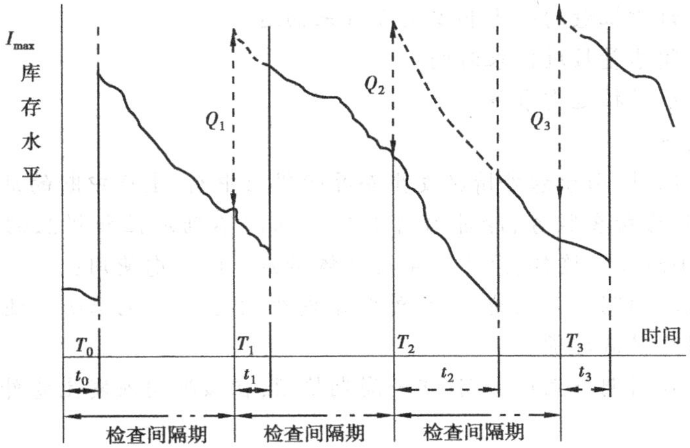

图 4.4 定期订货法

(2)定期订货法的优缺点

定期订货法一般适用于需要企业严格管理的重要货物。

定期订货法的优点：

①可以合并出货，减少订货费。

②周期盘点比较彻底、精确，避免了定量订货法每天盘存的做法，减少了工作量，提高了工作效率。

③库存管理的计划性强，有利于工作计划的安排，实行计划管理。

定期订货法的缺点：

①需要较大的安全库存量来保证库存需求。

②每次订货的批量不固定，无法制订出经济订货批量，因而运营成本较高，经济性较差。

③手续麻烦，每次订货都得检查储备量和订货合同，并要计算出订货量。

小贴士

如何降低安全库存

安全库存(Safety Stock,SS),是指当不确定因素已导致更高的预期需求或导致完成周期更长时的缓冲存货,它用于满足提前期需求。在给定安全库存的条件下,平均存货可用订货批量的一半和安全库存来描述。

①订货时间尽量接近需求时间。

②订货量尽量接近需求量。

③库存适量。

但是与此同时,由于意外情况发生而导致供应中断、生产中断的危险也随之加大,从而影响到为顾客服务,除非有可能使需求的不确定性和供应的不确定性消除,或减到最小限度。这样,至少有4种具体措施可以考虑使用:

①改善需求预测。预测越准,意外需求发生的可能性就越小。还可以采取一些方法鼓励用户提前订货。

②缩短订货周期与生产周期,这一周期越短,在该期间内发生意外的可能性也越小。

③减少供应的不稳定性。其中途径之一是让供应商知道你的生产计划,以便它们能够及早作出安排。

另一种途径是改善现场管理,减少废品或返修品的数量,从而减少由于这种原因造成的不能按时按量供应。还有一种途径是加强设备的预防维修,以减少由于设备故障而引发的供应中断或延迟。

④运用统计的手法通过对前6个月甚至前1年产品需求量的分析,求出标准差后即得出上下浮动点后做出适量的库存。

4.3 其他库存控制

4.3.1 JIT存货管理

1)JIT的原理

JIT(Just In Time)意为及时或准时。它是20世纪70年代日本创造的一种库存管理和控制的现代管理思想,在日本丰田集团得到广泛实施,并取得巨大的成功。近年来,JIT不仅作为一种生产方式,也作为一种通用管理模式在物流、电子商务等领域得到推广。

在20世纪后半期,整个汽车市场进入了市场需求多样化的新阶段,而且对质量的要求也越来越高,随之给制造业提出的新课题是,如何有效地组织多品种小批量生产,否则的话,生产过剩所引起的只是设备、人员、非需费用等一系列的浪费,从而影响到企业的竞争能力。在这种历史背景下,1953年,日本丰田公司的副总裁大野耐一综合了单件生产和批量生产的特点和优点,创造了准时生产制。JIT指的是将必要的零件以必要的数量在必要的时间送到生产线,并且只将所需要的零件、只以所需要的数量、只在正好需要的时间送到。这是为适应20世纪60年代消费需要多样化、个性化而建立的一种生产体系及为此生产体系服务的物流体系。

2)JIT的目标

JIT生产方式将"获取最大利润"作为企业经营的最终目标,将"降低成本"作为基本目标。在福特时代,降低成本主要是依靠单一品种的规模生产来实现的。但是在多品种小批量生产的情况下,这一方法是行不通的。因此,JIT生产方式力图通过"彻底消除浪费"来达到这一目标。所谓浪费,在JIT生产方式的起源地丰田汽车公司,被定义为"只使成本增加的生产诸因素",也就是说,不会带来任何附加价值的诸因素。任何活动对于产出没有直接的效益便被视为浪费。这其中,最主要的有生产过剩(即库存)所引起的浪费。搬运的动作、机器准备、存货、不良物品的重新加工等都被看作浪费;同时,在JIT的生产方式下,浪费的产生通常被认为是由不良的管理所造成的。比如,大量原物料的存在可能便是由于供应商管理不良所造成的。因此,为了消除这些浪费,就相应地产生了适量生产、弹性配置作业人数以及保证质量这样3个子目标。JIT的目标是彻底消除无效劳动和浪费,具体要达到以下目标:

(1)质量目标

废品量最低:JIT要求消除各种引起不合理的因素,在加工过程中每一工序都要求达到最好水平。

(2)生产目标

①库存量最低:JIT认为,库存是生产系统设计不合理、生产过程不协调、生产操作不良的证明。

②减少零件搬运,搬运量低:零件搬运是非增值操作,如果能使零件和装配件运送量减少,搬运次数减少,可以节约装配时间,减少装配中可能出现的问题。

③机器损坏低。

④批量尽量小。

(3)时间目标

①准备时间最短。准备时间的长短与批量选择相联系,如果准备时间趋于零,准备成本也趋于零,就有可能采用极小批量。

②生产提前期最短。短的生产提前期与小批量相结合的系统,应变能力强,柔性好。

3)JIT 在库存控制中的应用

JIT 生产方式作为一种管理哲理和管理思想,在库存控制方面主要应用在订货管理,即采购管理中,形成了一种先进的采购模式——准时化采购。它的基本思想是:在恰当的时间、恰当的地点以恰当的数量、恰当的质量提供恰当的物品。JIT 采购不但可以减少库存,还可以加快库存周转,缩短提前期,提高进货质量,取得满意的交货效果等。

(1)JIT 采购的特点

JIT 采购与传统的采购方式比较见表 4.1。

表 4.1 JIT 采购与传统采购的区别

项　目	JIT 采购	传统采购
采购批量	小批量,送货高频率	大批量,送货低频率
供应商选择	长期合作,单源供应	短期合作,多源供应
供应商评价	质量、交货期、价格	质量,价格,交货期
检查工作	逐渐减少,最后消除	收货,点货,质量验收
协商内容	长期合作,质量和价格合理	获得最低价格
运输	准时送货,买方市场	较低的成本,卖方负责安排
文书工作	文书工作少,需要的是有能力改变交货时间和质量	文书工作量大,改变交货期和质量的订单多
产品说明	供应商革新,强调性能,要求宽松	买方关心设计,供应商没有创新
包装	小,标准化容器包装	普通包装,无特定说明
信息交流	快速、可靠	一般要求

(2)采用较少供应商,甚至单源供应

单源供应是 JIT 采购的基本特点之一。传统的采购模式一般是多头采购,供应商的数目相对较多。从理论上看,采用单源供应比多头供应源好。一方面,对供应商的管理方便，利于供应商获得规模效应，也利于降低采购成本；另一方面，有利于供需之间建立长期稳定的合作关系，供货质量上比较有保证。但是，单源供应也有风险，比如，供应商可能因意外原因中断货源，以及供应商缺乏竞争意识等。同时，单源供应会使企业对供应商依赖过重，不能形成竞争性采购价格。

（3）对供应商的选择需综合进行评价

在传统采购模式中，供应商是通过价格竞争选择的，供应商与客户之间是短期合作关系，当发现供应商不适合时可以通过市场竞标的方式重新选择供同商。但在JIT模式下，供应商和用户是长期合作关系，供应商的合作能力将影响企业的长期经济利益，因此对供应商的要求比较高。在选择供应商时，需要对供应商进行综合的评估，在评价供应商时价格不是最主要的因素，质量才是最重要的标准，这种质量不单指产品质量，还包括工作质量、交货质量、技术质量等。

（4）对交货准时性的要求严格

JIT采购的一个重要特点是要求交货准时，这是实施精确生产的前提条件。交货准时取决于供应商的生产与运输条件。作为供应商来说，交货准时可以从几方面着手：一是提高生产的可靠性和稳定性，减少延迟交货或误点现象。而作为准时化供应链的一部分，供应商同样也采用JIT生产方式，以提高生产过程的准时性。另一方面，为提高交货准时性，运输问题不容忽视。在物流管理中，运输问题是一重要的问题，它决定准时交货的可能性。特别是全球的供应链系统，运输过程长，且要经过不同运输方式的运输衔接和中转，因而有效的运输计划和管理是准时运输的保证。

（5）对信息交流的需求更强

JIT采购要求供需双方的信息高度共享，保证供应与需求信息的准确性和实时性。由于双方的战略合作关系，企业生产计划、库存、质量等各方面的信息都可以及时进行交流，以便出现问题时能够及时处理。同时，现代信息技术的发展为有效的信息交流提供了强有力的支持，信息交流变得方便、快捷、安全。

（6）采取小批量采购策略

小批量采购是JIT采购的一个基本特征。JIT采购与传统采购模式的一个重要区别在于JIT生产方式需要减少生产批量，因此采购的物资也应该是小批量的。从另一个角度看，由于企业生产对原材料和外购件的需求是不确定的，而JIT采购又旨在消除原材料和外购件的库存，为保证准时，按质按量供应所需物资，小批量采购是必然的。当然，小批量采购会增加运输次数和成本，对供应商来说是为难的事情，特别是供应商在国外等远距离的情形下，实现准时化采购的难度更大。解决的办法可以通过混合运输、代理运输等方式，或尽可能使供应商靠近用户。

4）JIT 采购的实施

（1）实施 JIT 采购的关键

看板方式是 JIT 采购最实用有效的手段。选择最佳的供应商，并对供应商进行有效的管理是 JIT 采购成功的基石。供应商与客户的紧密合作关系是 JIT 采购成功的金钥匙。卓有成效的采购过程，严格的质量控制是 JIT 采购成功的保证。

（2）JIT 采购的步骤

①创建准时化采购班组。其具体责任是：寻找货源，商定价格，发展与供应商的协作关系。采购班组可分两个部分，一部分专门负责处理供应商事务，比如认定和评估供应商的信誉、能力，与供应商谈判签订合同，向供应商发放免检签证等。另一部分专门负责消除采购过程中的浪费。这些班组人员，对 JIT 采购的方法要有充分了解和认识，必要时要进行培训。

②制订计划，确保 JIT 采购策略有计划、有步骤实施。要制订采购策略，改进当前的采购方式，评估供应商能力，减少供应商数量，向合格供应商发放免检签证等。这一过程要与供应商保持信息交流与沟通，一起商定目标和有关措施。

③精选少数供应商，建立合作伙伴关系。选择供应商要考虑产品质量、供货能力、应变能力、地理位置、企业规模、财务状况、技术、价格以及供应商的可替代性。

④进行试点工作，取得经验后再正式实施 JIT。

⑤搞好供应商的培训 JIT，确定共同目标。JIT 采购是供需双方共同的业务活动，单靠采购部门的努力是不够的，需供应商配合和支持，只有供应商对 JIT 采购的策略和运作方法有了认识和理解，才能获得这种支持和配合。因此，培训是重要的。

⑥向供应商发放免检合格证。JIT 采购特点之一就是买方不需对供应商进行频繁的检验，这就需要供应商能提供确保质量合格的产品，达到这一要求即可发给免检签证。

⑦实现配合节拍进度的交货方式。JIT 采购的最终目标是实现 JIT 生产方式，因此交货方式要从预测的交货向 JIT 方式转变，最终实现当需要某物资时，该物资刚好到达并被生产所利用。

⑧继续改选，扩大成果。JIT 采购是一个不断完善和改进的过程，需要在实施过程中不断总结经验教训，从降低运输成本，提高交货的准时性和产品的质量，降低供应商库存等各方面进行改进，不断提高准时化采购的运作绩效。

小贴士

MRP库存控制方法

(1)MRP的原理

MRP是物料需求计划(Material Requirement Planning System)的简称,这种方法是由美国著名生产管理和计算机应用专家欧·威特和乔·伯劳士在对多家企业进行研究后提出来的。MRP被看作是以计算机为基础的生产计划与库存控制系统。

(2) MRP系统的运行步骤

①根据市场预测和客户订单,正确编制可靠的生产计划和生产作业计划,在计划中规定生产的品种、规格、数量和交货日期,同时,生产计划必须是同现有生产能力相适应的计划。

②正确编制产品结构图和各种物料、零件的用料明细表。

③正确掌握各种物料和零件的实际库存量。

④正确规定各种物料和零件的采购交货日期,以及订货周期和订购批量。

⑤通过MRP逻辑运算确定各种物料和零件的总需要量以及实际需要量。

⑥向采购部门发出采购通知单或向本企业生产车间发出生产指令。

4.3.2 ABC分类库存管理法

1879年,意大利人帕累托提出:社会财富的80%是掌握在20%的人手中,而余下的80%的人则占有20%的财富。渐渐地,这种"关键的少数和次要的多数"的理论,被广为应用在社会学和经济学中,并被称为帕累托原则,即80/20原则。1951年,美国通用电器公司的迪克在对公司的库存产品进行分类时,首次提出将公司的产品,根据销量、现金流量、前置时间或缺货成本,分成ABC 3类:A类库存为重要的产品,B,C类依次为次重要和不重要的产品。

1)基本思想

库存商品品种繁多、数量巨大,有的商品品种数量不多但市值很大,有的商品品种数量多但市值却不大。由于企业的各方面资源有限,不能对所有库存商品都同样的重视,因此,好钢要用在刀刃上,要将企业有限的资源用在需要重点管理的库存上,按库存商品重要程度的不同,进行不同的分类管理和控制。

2）定义

将库存物品按品种和占用资金的多少分为特别重要的库存（A 类）、一般重要的库存（B 类）、不重要的库存（C 类）3 个等级，然后针对不同等级分别进行管理和控制。找到关键的少数和次要的多数。

ABC 分类的依据是库存中各物品每年消耗的金额（该品种的年消耗量乘以其平均单价）占年消耗的总金额的比例。

对于怎样划分各物品在每年消耗的总金额的比例，ABC 分类没有一个统一的标准，一般是遵循下面的规律（见表 4.2）。

表 4.2　ABC 库存分类比重表

类　别	品种比例（%）	年消耗的金额比（%）
A 类	10	70
B 类	20	20
C 类	70	10

A 类物品：品种比例平均为 10%，品种比重非常小，年消耗的金额比例平均为 70%，占用了大部分的年消耗的金额，是关键的少数，是需要重点管理的库存。

B 类物品：品种比例平均为 20%，年消耗的金额比例平均为 20%，可以发现其品种比例和金额比例大体上相近似，是需要常规管理的库存。

C 类物品：品种比例平均为 70%，品种比重非常大，年消耗的金额比例平均为 10%，虽然表面上只占用了非常小的年消耗的金额，但是由于数量巨大，实际上占用了大量的管理成本，是需要精简的部分，是需要一般管理的库存。

3）ABC 库存分类管理法应用

在对物品进行 ABC 库存分类后，应依据各企业的经营策略，进行重点管理。

①虽然 A 类物品在品种数量上仅占 10% 左右，但管理好 A 类物品，就能管理好 70% 左右的年消耗金额，是关键的少数，要进行重点管理。对生产企业来说，应该千方百计地降低 A 类物品的消耗量；对商业企业来说，就要想方设法增加 A 类物品的销售额；对仓储管理来说，就要在保证安全库存的前提下，小批量多批次按需储存，尽可能地降低库存总量，减少仓储管理成本，减少资金占用成本，提高资金周转率。

②对 B 类物品应进行次重点管理的常规管理，采用定量订货方法，前置期时间较长；每周要进行盘点和检查；中量采购。

③C 类物品品种数量巨大，消耗金额比重十分小，不应投入过多的管理力量。

4)ABC 库存分类管理法简表(如表4.3所示)

表4.3 ABC 库存分类管理法

管理类别	A类	B类	C类
消耗定额的方法	技术计算	现场核定	经验估算
周转定额的方法	不同条件下的数学模型计算	不同条件下的数学模型计算	经验统计
检查	每天检查	每周检查	季度年度检查
统计	详细统计	一般统计	按金额统计
控制	严格控制	一般控制	按金额总量控制
安全库存量	较低	较大	较高

5)ABC 分类管理的原则

(1)A 类货物的管理

A 类货物品种少,但占用库存资金多,是所谓的“重要的少数”,要重点管理,货品的采购需经高层主管审核。应采取下列策略:

①每件商品皆作编号。

②尽可能正确地预测需求量。

③少量采购,尽可能在不影响需求下减少库存量。

④请求供货单位配合,力求出货量平稳化,以降低需求变动,减少安全库存量。

⑤与供应商协调,尽可能缩短订货提前期。

⑥采用定期订货方式,对其存货必须作定期检查。

⑦必须严格执行盘点,每天或每周盘点一次,以提高库存精度。

⑧对交货期限加强控制,在制品及发货也必须从严控制。

⑨货品放置于易于出库的位置。

⑩实施货物包装外形标准化,增加出入库的库位。

(2)B 类货物的管理

①正常的控制,采用比 A 类货物相对简单的管理办法。

②B 类货物中销售额比较高的品种要采用定期订货方式或定期定量混合方式。

③每 2 ~3 周盘点 1 次。

④中量采购。

⑤采购需经中级主管审核。

(3)C 类货物的管理

C 类货品种类多,但占库存资金少,是属于“不重要的大多数”,采取简单的管理策略。

①将一些货物不列入日常管理的范围:如对螺丝、螺母之类的数量大、价值低的货物不作为日常盘点的货物,并可规定最少出库的批量,以减少处理次数。

②为防止库存缺货,安全库存要多些,或减少订货次数以降低费用。

③减少这类物资的盘点次数。

④能很快订货的货物,可以不设置库存。

⑤采购仅需基层主管审核。

小贴士

CVA 分类库存管理法(关键因素分析法)

CVA 管理法主要由于 ABC 分类法中 C 类货物得不到足够的重视,往往因此而导致生产停工,因此引进 CVA 管理法来对 ABC 分类法进行有益的补充,它是将货物分为最高优先级、较高优先级、中等优先级、较低优行级 4 个等级,对不同等级的物资,允许缺货的程度是不同的。在库存管理中 ABC 分类并不令人满意,因为 C 类物资往往得不到应有的重视。例如,经销鞋的企业会把鞋带列如 C 类物资,但是如果鞋带短缺将会严重影响到鞋的销售;一家汽车制造厂商会把螺丝列如 C 类物资,但缺少一个螺丝往往会导致整个生产链的停工。因此有些企业采用关键因素分析法。

CVA 的基本思想是把存货按照其关键性分为 4 类:

①最高优先级,这是经营的关键性物资不允许缺货。

②较高优先级,这是指经营活动小的基础物资,但允许偶尔缺货。

③中等优先级,这多属于比较重要的物资,允许合理范围内缺货。

④较低优先级,经营中需用这些物资,但可替代性高,允许缺货。

小链接

物资储备定额

物资储备一般包括 3 种形态:一是生产储备,是指处于生产领域内的物资储备;二是流通储备,是指准备进入流通领域的物资储备;三是国家储备,是指由国家储备机构或国家物资管理部门掌握的物资储备。其中主要的形态是生产储备。

物资储备定额是指在一定的生产技术组织条件下，为保证生产活动正常进行，使企业生产经营管理取得最佳经济效益而制订的必需的、经济合理的物资储备品种结构和数量标准。

1. 物资储备定额的构成

企业的物资储备定额，一般包括经常储备定额和保险储备定额。由于某些物资的生产、运输具有季节性，需要这类物资的企业，还要增加季节性储备定额。

(1)经常储备定额

经常储备定额是指企业在前后两批物资进厂的供应间隔期内，为保证企业日常生产正常进行所需的储备数量。这种储备是动态的，当第一批物资进厂时，达到最高储备量，随着生产的不断耗用，物资储备量逐渐减少，直到下一批物资进厂前的瞬间，物资储备量降到最低点。当下一批物资进厂时，企业的物资储备又达到最高储备量。这样不断补充、不断耗用，由高到低、由低到高、周而复始，如此不断循环往复，使企业物资储备始终在最大值和最小值之间变动，形成物资的经常储备。每个企业在生产经营中，对各种物资都必须建立这种储备，才能确保企业生产活动的正常进行。

(2)保险储备定额

保险储备又称安全储备，是一种后备性质的储备，是为了预防物资在供应过程中，因运输误期、延期、质量、品种、规格不符标准及计划超产等不正常情况下，能保证生产连续进行所必须储备的物资数量。在正常情况下保险储备不予动用，只有在经常储备中断而必须动用时才能保持生产不受影响的情况下才能动用，并一经动用后，在下次进货时恢复经常储备时，即将动用的保险储备部分及时补足。

保险储备并不是在任何时候都是必需的。对于供应稳定和就近易采购的物资，一般可以不建立保险储备。同时，企业应不断改进运输工作和其他供应组织工作，改善与供应商之间的合作关系，与供应商建立相互信任的合作伙伴关系，尽可能地消除供应中存在的不确定因素，从而达到尽可能地减少保险储备。

(3)季节性储备定额

季节性储备定额是指企业为了克服某些物资生产、运输、消费的季节性因素影响，保证生产正常进行而建立的物资储备数量。主要是因为收获期、封冰期、雨季等的影响，企业必须临时提前增加储备以保证物资不致中断的措施，就形成里季节性储备。这种储备，由于其特殊性，形成了周转慢、周期长的特点。

2. 物资储备定额的制定方法

$$\text{物资储备定额} = \text{平均每日需求量} \times \text{物资合理储备天数}$$

平均每日需要量：根据某一物资全年需用量除以360天得出。

合理储备天数：包括供应间隔天数、验收入库天数、使用前准备天数3个方面。

从上列公式来看，计算比较简单。但物资储备天数与每日需求量的合理确定较为复杂。

①供应间隔天数：前后两批物资运转的间隔天数。由于每次购入的数量，必须满足下批物资运达前的消耗需要，所以在物资的平均日需要量一定的情况下，供应间隔天数是决定经常储备的主要因素。如某一物资的供应间隔期为10天，平均日需求量为5吨，则每批购入数量应为10×5吨=50吨，才能不使供应脱节。

②验收入库天数：指物资抵达后的搬运、整理、检验和入库等所需要的时间。

③使用前准备天数：指需要经过一定的加工或技术处理所需的时间。如原木加工成板材，加工板材后的干燥处理等。但它不是每一物资都必须具有的因素。

如上所述，经常储备定额的计算公式应为：

经常储备定额＝平均日需求量×（供应间隔天数＋验收入库天数＋使用前准备天数）

保险储备定额是由平均日需要量与保险储备天数两个因素决定。保险储备天数，一般根据历史统计资料以加权平均计算出到货的误货天数，再结合气候、运输的可能误期来制订。

物资储备定额一般是由经常储备定额与保险储备定额所组成，所以：

物资储备定额＝平均日需要量×（供应间隔天数＋验收入库天数＋使用前准备天数＋保险天数）

经常储备定额是经常变动的，所以物资储备定额有它的上限和下限。上限为经常储备与保险储备之和，即最高储备定额，下限就是保险储备，即最低储备定额。

【做一做】

经典案例阅读

北京绅士服装集团的库存管理

北京绅士服装集团为北京市明星纺织服装企业。其品牌“绅士”系列服装连年被评为北京市著名品牌。在企业发展的进程中，职工人数从开始的一两百人发展到现在的近千人，产销量连年翻番。

到今天，成为北方地区屈指可数的，既有品牌效应，又有进出口权的年产150万件套成衣的中型服装制造企业。

企业整体规模上了一个新台阶，但是管理方面却使企业领导深感压力巨大。在一次企业内部管理人员会议上，总经理提出了3个如何：第一，如何随时了解产品的市场走向;第二,如何减低库存风险;第三,如何提高业务部门整体反应速度。这三个如何的确反映了现代服装企业的通病信息资源整合力度不够。

古人云:“工欲善其事,必先利其器。”计算机和计算机软件系统就是现代企业管理最有效的利器。通过橙色科技公司与绅士集团信息化工作小组双方一个多月的努力合作,最终确定了信息化管理的总体战略和实施步骤。总体规划以营销为龙头带动企业内部生产、供应、仓储、财务各环节,建立企业信息闭环。实施步骤具体分为3步:第一步,解决企业内部以库存为核心,提高业务部门的进销调存的准确率和反应速度,周期三个月。第二步,内部成品物流管理自动化,销售网络通路的完善和管理,达到信息流与物流的统一。第三步,建立内部MRP/MRPⅡ,实现资金的整体规划,网上电子商务。

目前,绅士公司已完成了第一步的实施工作,系统在网络的平台上运行稳定、良好。并统计整理出一些效应档案,贡献出来,与广大服装企业管理从业者及爱好者一起分享:

①总体来说,企业实现较大规模的信息管理,应该与企业的长期规划和管理实践相结合,借助优秀、专业的服装行业软件企业的技术优势和系统实施经验,双方共同努力,才会达到预期目标。

②库存数量经常不准确。经分析,日常单据经常发生跑、冒、掉、漏、手工误填等情况。为了从根本上杜绝这种情况的发生,橙色科技为绅士集团搭建内部局域网,建立工作流管理模式,利用系统严密的权限设置,使各业务部门职责分明、协调统一,相应的使部门间的监督管理加强,从前的手工三本账转变为电脑统一记账,大大减少了人员重复记账、统计的工作量,误操作情况基本杜绝。

③服装企业通常只核算货品的大类、品名和货号,并不管理商品的颜色、款式、尺码规格。这样,产品开发、生产、物流配送就存在一定的盲目性。绅士公司在商品管理方面借鉴了橙色科技“单品管理思想”,就是在整个生产、营销物流环节中,将每件货品细分到品种、款、色、码,这种办法提高了业务人员数据的统计效率,降低了人员误操作,更为销售总经理提供了更加科学的报表数据。据计算,绅士近6 000万元的产品库存,通过单品管理,其周转率整体提高30%,货品调拨次数频繁,大大降低滞销品库存,畅销品追单反应速度加快,实现管理效益百万元。

④仓库与业务部门间的信息畅通无比。基本上业务部门想要查到的货品,能实时的了解具体到单个货品在哪个仓库,什么货位,实际库存,账面库存,在单库存,甚至今后将了解生产线的库存周期。这样无疑使销售部门的工作如虎添翼,串货、断档、短码现象大大减少,销售量比同期有了一定比例的增长,客户满意度也有了很大的提高。

案例思考题

1. 在案例中，北京绅士服装集团采取了哪些手段来改善其库存管理状况？

2. 良好的库存管理能给企业带来一些什么好处？

【任务回顾】

库存控制从库存的基本概念着手，分别从独立需求和相关需求两个层面对库存控制的各个方法进行了讲述，还有以 JIT 管理法、ABC 分类法和 MRP 系列为代表的其他库存管理方法。由于内容多为理论结合一定量的计算，故而在学习中应结合适当的例题训练和案例分析，从而使学生内容掌握的更加牢固。

【名词速查】

1. 库存控制

库存控制是仓储管理的一个重要组成部分。它是在满足顾客服务要求的前提下通过对企业的库存水平进行控制，力求尽可能降低库存水平、提高物流系统的效率，以提高企业的市场竞争力。

2. 定期订货法

定期订货法是按预先确定的订货时间间隔按期进行订货，以补充库存的一种库存控制方法。

3. 定量订货法

定量订货法是指当库存水平降到预定的最低库存量时，按规定数量（一般以经济批量 EOQ 为标准）进行订货补充的一种库存控制方法。

【任务检测】

一、单选题

1. 库存管理是在库存理论的指导和特定前提下建立（　　）的界限。

A. 库存质量　　B. 库存数量　　C. 库存货品　　D. 库存水平

2. 下列选项中不属于在确定订货点期间订货周期的时间段是（　　）。

A. 每年　　B. 每月　　C. 每 3 个月　　D. 每周

3. JIT（Just In Time）意为及时或准时。它在哪个企业得到广泛实施，并取得巨大成效（　　）。

A. 德国西门子　　B. 美国通用集团　　C. 日本丰田集团　　D. 一汽大众集团

4. （　　）指当不确定因素已导致更高的预期需求或导致完成周期更长时的

缓冲存货。

A. 库存　　B. 安全库存　　C. 定量订货　　D. 定期订货

5. ABC 分类的依据是(　　)。

A. 库存中各物品每年的消耗金额

B. 库存中各物品每月消耗的金额

C. 库存中各物品金额每年消耗金额占年消耗的总额比例

D. 库存中各物品金额每月消耗金额占月消耗的总额比例

二、多选题

1. 安全库存的主要原则为(　　)。

A. 不缺料导致停产

B. 在保证生产的基础上做最少量的库存

C. 准时生产

D. 不呆料

2. 下列属于准时生产制特点是选项是(　　)。

A. 把物流、商流、信息流合理组织到一起,成为一个高度统一、高度集中的整体

B. 体现了以市场为中心,以销定产,牢牢抓住市场的营销观念

C. 生产活动组织严密,平滑顺畅,没有多余的库存,也没有多余的人员

D. 实现库存成本大幅度下降

3. 经济订货批量是使(　　)总成本达到最小的每次订货数量(按单位数计算)。

A. 采购　　B. 订单处理　　C. 促销　　D. 存货

三、判断题

1. 安全库存不确定因素主要来自需求量预测不确定和供应间隔不确定。(　　)

2. ABC 库存管理法中 A 类物品在品种数量上仅占 20% 左右。(　　)

3. JIT 管理顺序为供应商→零件或原材料→配件→组件→产成品→订单→顾客。(　　)

4. 定期订货是以每周、每月或 3 个月为一个订货周期。(　　)

5. MRP 是资源需求计划的简称。(　　)

四、思考题

1. 库存的含义及分类有哪些?

2. 库存的功能是什么?

3. 什么是定量订货法? 什么是定期订货法?

4. 某汽车公司年产某型号的汽车发动机预计为400 000台，每台的价格为20 000元，平均每次的订货成本为400元，每台发动机的保管费用为10%，根据EOQ模型，计算经济订货批量。

参考答案

一、单选题

1. B　2. A　3. C　4. B　5. C

二、多选题

1. ABD　2. ABCD　3. BD

三、判断题

1. √　2. ×　3. ×　4. √　5. ×

四、思考题

1. 库存的含义及分类有哪些？

库存(Inventory)一词表示某段时间内持有的存货(可看见、可称量和可计算的有形资产)，即库存。

①按价值划分：可分为贵重物品和普通物品。

②按库存物品的形成原因(或用处)划分：可分成安全库存、储备库存、在途库存和正常周转库存。

③按物品需求的相关性可分为独立需求库存和相关需求库存。

④按在加工过程中的地位划分：A. 原料；B. 组件；C. 在制品；D. 成品。

2. 库存的功能是什么？

①防止断档。

②保证适当的库存量，节约库存费用。

③降低物流成本。

④保证生产的计划性、平稳性以消除或避免销售波动的影响。

⑤展示功能。

⑥储备功能。

3. 什么是定量订货法？什么是定期订货法？

①定量订货法是指当库存量下降到预定的最低库存量(订货点)时，按规定数量(一般以经济批量EOQ为标准)进行订货补充的一种库存控制方法。

②定期订货是按预先确定的订货时间间隔按期进行订货，以补充库存的一种库存控制方法。

4. 解：将数据带入经济订货批量计算公式，经计算得：EOQ = 400(台)。

任务5
掌握仓储经营管理

教学要求

1. 培养仓储经营的理念；
2. 清楚基本仓储经营方法；
3. 了解仓储可开发的经营项目；
4. 了解仓储商务的内容，明确仓储商务工作的重要性；
5. 描述仓储合同的撰写，了解当事人的权利与义务。

学时建议

知识性学习6课时；

案例学习讨论2课时；

实训2课时。

【导学语】

【学一学】

仓储经营管理是企业在仓库管理活动中,运用先进的管理原理和科学的方法,对仓储经营活动进行计划、组织、协调、指挥、控制、监控和监督,充分发挥仓储资源的作用,开发全新的与社会相适应的服务模式;是进行组织创新、技术创新、管理创新和制度创新的过程。因此开展仓储经营具有重要的意义。

5.1 仓储经营组织

仓储经营组织是按照规定的经营目标,将仓储作业人员与仓储作业手段有效地结合起来,完成仓储作业过程各环节的职能,为商品流通提供良好的仓储服务,实现仓储经营的高效益。

仓储经营的目标按照仓储活动的各项要求和仓储管理上的需要,把与仓储经营有直接关系的部门、环节、人尽可能合理地组织起来,使他们的工作协调有效地进行,加速商品在仓库中的周转,合理地使用人力、物力、以取得最大的经济效益。

5.1.1 仓储经营的意义

对于仓储经营主体而言,仓储经营管理的过程,是充分利用仓储资源,努力开发新的仓储经营服务方式的过程,也是进行技术创新、组织创新、管理创新和制度创新的过程。因此开展仓储经营具有重要的意义。

1)搞好仓储经营活动是社会再生产顺利进行的必要条件

仓储经营的意义在于调节生产与消费在空间、时间及品种、数量等方面存在的矛盾。通过仓储经营活动,发挥仓储经营连接生产与消费纽带和桥梁的作用,借以克服众多的相互分离又相互联系的生产者之间、生产者与消费者之间在商品生产与消费地理上的分离，衔接商品生产与消费时间上的不一致，以及调节商品生产与消费在方式上差异，保证社会再生产的顺利进行。

2）搞好仓储经营活动是保护物资原有使用价值和合理地使用物资的重要手段

任何一种物资，在生产至消费之前，由于其本身的性质，所处的条件以及自然的、社会的、经济的、技术等因素，都可能性出现数量减少、质量降低现象，如果不创建必要的保护条件，物资损害就不可避免。因此，必须进行科学的管理，加强对物资的养护，搞好仓储经营活动，以保护好处于暂时停滞状态的物资的使用价值。同时在仓储经营过程中，努力做到流向合理，分配合理，供料合理，以加快物资流转速度，不断提高工作效率，满足市场需求。

3）搞好仓储经营活动，是提高仓储能力，加快资金周转，节约费用、降低成本、提高经济效益的有效途径

要搞好仓储经营活动，必须要充分利用仓储设施和资源，提高仓储服务能力，提升仓储经营的层次，提高仓储服务的附加值，提高仓储企业的收益。通过仓储经营减少物资资产在仓储过程中的沉淀，盘活资金，增加收益，减少物资耗损和劳动消耗，从而可以加速物资和资金铁周转，节省费用支出、降低物流成本，开发“第三利润源泉”，提高社会的、企业的经济效益。

4）仓储经营是物流发展的需要，可将仓储设施向社会开放，开展多样化经营，提高效益

在物流高速发展的今天，对仓储的技术要求越来越高。因此为满足要求，必须将现有的仓储经营设施向社会开放，开展多样化经营，具体内容有设施开放、商品种类开放、地区开放、行业开放、服务对象开放、经营项目开放、服务时间开放等。

5）开展仓储经营可以加强企业基础工作，提高管理水平

经营管理是仓库管理的最高阶层，经营管理需要良好的生产管理、财务管理、人事管理等的支持，同时良好的经营管理又能促进各项管理水平提高。仓储管理的基础工作是仓储管理工作的基石，为适应仓储管理功能的变化，必须加强各项基础工作，如标准化工作、计量工作和经济核算等，要以提高仓储经济效益为目标，健全仓储管理体系，为提高仓储经营管理水平创造良好条件。

仓储作为物流活动一个重要环节，在物流活动中，已不是传统意义上的仓储概念了，它的内容、范围有了更广泛的延伸。

5.1.2　仓储经营组织的目标

具体讲，仓储经营的目标是实现仓储经营活动的“快进、快出、多储存、多经营、保管好、费用省”。

“快进”是物资运抵到港口、车站或仓库专用线时，要以最快的速度完成物资的接运、验收和入库作业活动。

“快出”是物资出库时，要及时迅速高效地完成备料、复核、出库和交货清理作业活动。

“多储存”是在库容合理规划的基础上，最大限度地利用有效的储存面积和空间，提高单位面积的储存量和面积利用率。

“多经营”是指仓储采用多种经营方式提高企业收益，如商品交易中介、运输中介、配送与配载等。

“保管好”是按照物资性质要求和储存条件，合理安排储存场所，采取科学的保管方法，使其在保管期内质量完好，数量准确。

“费用省”是指在物资输入、输出以及保管的整个过程，都需要努力节省人力、物力和财力消耗，以最低仓储成本取得最好的经济效益。

在实现仓储经营目标，仓储经营组织过程时，应综合考虑各方面的因素，并注意以下几个方面：一是保证仓储作业过程的连接性；二是实现仓储作业过程的比例性；三是采取仓储经营方法的多样性；四是充分调动仓库人员的积极性；五是具有有利人才培养的机制；六是具有良好的风险防范机制。

5.2 仓储经营方法

随着各企业购、销、存经营活动连续不断地进行，商品仓储数量和仓储结构也在不断变化，为了保证商品的仓储趋向合理化，必须采用一些科学的方法，对商品的仓储及仓储经营进行有效的动态控制。如何确定科学的、先进的、有效的仓储经营方法是仓储企业搞好经营管理的关键。仓储企业经营管理的目的是使企业的仓储资源得以充分利用、在仓储产品交换中获得最大收益和最少的成本投入，实现经营的利润最大化。仓储经营方法根据仓储目的不同可分为：保管仓储、混藏仓储、消费仓储、仓库租赁经营、流通加工等。

5.2.1 保管仓储

1）保管仓储的经营方法

保管仓储是指保管人储存存货人交付的仓储物，存货人支付仓储费的一种仓储经营方法。在保管仓储中，仓储经营人以获得仓储保管费收入最多为经营目标，仓储保管费来源于仓储物的数量、仓储时间和仓储费率的乘积。

在保管仓储经营中，仓储经营人需要尽可能吸引仓储，获得大量的仓储委托，采取合适的价格决策，并在仓储保管中降低保管成本和支出，才能获得较高利润。

2）保管仓储的经营特点

①保管仓储的目的在于保持保管原状。

寄存人交付保管物于保管人，其主要目的在于保管。也就是说，他主要是将自己的货物存入仓储企业，仓储企业必须对仓储物实施必要的保管而达到最终保管维护保管物原状目的，一定要确保原物形状。它与存货企业是一种提供劳务的关系，所以在仓储的过程，仓储物的所有权不转移到仓储过程中，仓储企业没有处分仓储物的权力。

②仓储管理的货物一般都是数量大、体积大、质量高的大宗货物、物资。例如：粮食、工业制品、水产品等，它与一般的保管不同的是"仓储物只能是动产，不动产不可能是仓储物"。

③保管仓储活动是有偿的，保管人为存货人提供仓储服务，存货人必须支付仓储费。仓储费是保管人提供仓储服务的价值表现形式，也是仓储企业盈利来源。

④仓储保管经营的整个仓储过程均由保管人员进行操作，仓储经营人需要有一定的投入。

3）保管仓储经营的任务

主要是根据商品的性能和特点，提供适宜的保管环境和保管条件，保证仓储商品的数量正确，质量完好，并利用现有仓储设施，为经济合理地组织物资供应打下良好的基础。

（1）制订仓储规划

商品仓储规划是现有种类仓储设施条件下，根据仓储任务，对不同种类的商品储存作业全面规划，如保管场所的选择、布置，保管方式与保管过程，物资的堆码苫垫等。

（2）提供适宜的保管环境

不同种类的商品要用不同的保管环境与保管条件，保管保养的任务之一就是采取相应的、行之有效的措施和方法，为商品提供适宜的保管环境各条件，并防止各种有害因素的影响。例如，仓库湿度控制、金属防锈、防虫、防霉等。

（3）提供仓储物资的信息

仓储管理的任务或功能之一是要提供物资信息。

各类物资库存量情况和质量情况，是通过物资的保管取得的。物资保管在负责货物保管的同时，还有负责各类信息管理的任务。包括料账、料卡、各种单据报表、技术证件等的填写,整理、使用、保存、分析与运用、提供等。

(4)进行广泛的市场宣传和市场开发

进行广泛的市场宣传和市场开发,促使仓储服务被用户广泛接受,塑造企业良好的形象。有效开展市场调查和市场促销,合理地制定服务标准,提供针对性的服务。

4)保管仓储的管理

如何使仓储物品质量保持完好,需要加强仓储的管理工作。首先要加强仓储技术的科学研究,不断提高仓储机械化,自动化水平,组织好物资的收、发、保管保养工作,掌握监督库存动态,保护物资的合理储备,建立和健全仓储管理制度,加强市场调节和预测,与客户保持联系,不断地提高仓储工作人员的思想政治水平和业务水平,培养一支业务水平高、技术水平高、管理水平高的仓储工作队伍,使保管仓储发挥其应有的作用。

5.2.2 混藏仓储

混藏仓储是指存货人将一定品质数量的种类物交付保管人储藏,而在储存保管期限届满时,保管人中需以相同种类、相同品质、相同数量的替代物返还的一种仓储经营方法。

混藏仓储的特点:

①混藏仓储的对象是种类物,混藏仓储的目的并不是完全在于原物的保管,有时寄存人仅仅需要实现物的价值的保管即可,保管人以相同种类、相同品质、相同数量的替代物返还,并不需要原物返还。因此寄存人基于物之价值保管的目的而免去保管人对原物的返还义务时,保管人减轻了义务负担,也扩大了保管物的范围,种类物成为保管合同中的保管物。保管人将以种类物为保管物,则在保存方式上失去各种保管物特定化的必要,所以将所有同种类,同品质的保管物混合仓储保存。

②混藏仓储的保管物并不随交付而转移所有权,混藏保管人只需为寄存人提供保管服务,而保管物的转移只是物的占有权转移,与所有权的转移毫无关系,保管人无权处理存货的所有权。

例如:农民将小麦付给面粉厂保管,约定面粉厂可以混藏小麦,面粉厂将所有收存小麦混合储存于面粉厂相同品种的小麦仓库,形成一种保管物类混合物状况,小麦的所有权并未交给加工厂,各寄存人对该混合保管物按交付保管时的份额而各自享有所有权。农民需要时,加工厂从小麦仓库取出存货的数量交还该农民。

③混藏仓储是一种特殊的仓储方式,混藏仓储与消费仓储、保管仓储有着一定的联系,也有一定区别。保管仓储的对象是特定物,而混藏仓储和消费仓储的对象是种类物。

混藏仓储在物流活动中发挥着重要的作用,在提倡物尽其用、发展高效物流的今天,赋予了混藏仓储更新的功能,配合以先进先出的运作方式,使得仓储物资的流通加快,有利于减少耗损和过期变质等风险。

混藏仓储是保管仓储为了降低仓储成本的产品开发,通过混藏的方式,使仓储设备投入最少,仓储空间利用率最高。混藏仓储主要适用于农村、建筑施工、粮食加工、五金等行业,适用于品质无差别、可以准确计量的商品。

混藏仓储经营人的收入依然来自于仓储保管费,存量越多、存期越长收益越大。混藏式仓储是成本最低的仓储方式,但若存货品种增加,则会使仓储成本增加,在混藏仓储经营中尽可能开展少品种、大批量的混藏经营。

5.2.3　消费仓储

1)消费仓储的概念

消费仓储是指存货人不仅将一定数量品质的种类物交付仓储管理人储存保管,而且与保管人相互约定,将储存物的所有权也转移给保管人,在合同期届满时,保管人以相同种类、相同品质、相同数量替代品返还的一种仓储方法。

2)消费仓储的特点

①消费仓储是一种特殊仓储形式,具有与保管仓储相同的基本性质,消费仓储保管的目的是对保管物的保管,主要是为寄存人的利益而设定,原物虽然可以消耗使用,但其价值得以保存。寄存人交付保管物于保管人,只求自己的物品在需要时仍然保持其相同于原样的状态和性质。

②消费仓储以种类物作为保管对象,仓储期间转移所有权于保管人,在消费仓储中,寄存人将保管物寄于保管人处,保管人以所有人的身份自由处分保管物,保管人员在他所接收的保管物转移之时便取得了保管物的所有权。这是消费仓储最为显著特征。在保管返还时,保管人只需相同种类、相同品质、相同数量的物品代替原返还即可。

③消费仓储以物的价值保管为目的,在消费仓储中不仅转移保管物的所有权,而且必须允许保管人使用、收益、处分保管物。即将保管物的所有权转移于保管人,保管人无需返还原物,而仅以同种类、品质、数量的物品返还,以保存保管的价值即可。保管人通过经营仓储物获得经济利益,通过在高价时消费仓储物,低价时

购回,或者通过仓储物市场价格的波动进行高卖、低买、获得差价受益。当然在最终,需要买回仓储物归还存货人。

3)消费仓储的经营

消费式仓储经营有两种主要模式:其一,仓储保管人直接使用仓储物进行生产、加工。如建筑仓储经营人直接将委托仓储的水泥用于建筑生产,在保管到期前从市场购回相同的水泥归还存货人。其二,仓储经营人在仓储物的价格升高时将仓储物出售,在价格降低时购回。

消费式仓储经营人的收益主要来自于对仓储物消费的收入,当该消费的收入大于返还仓储物时的购买价格时,仓储经营人获得了经营利润。反之,消费收益小于返还仓储物时的购买价格时,就不会对仓储物进行消费,而依然原物返还。在消费仓储中,仓储费收入是次要收入,有时甚至采取无收费仓储。

由此可见,消费仓储是仓储经营人利用仓储物停滞在仓库期间的价值进行经营,追求利用仓储财产经营的收益。消费仓储的开展使得仓储财产的价值得以充分利用,提高了社会资源的利用率。消费仓储可以在任何仓储物中开展,但对于仓储经营人的经营水平有极高的要求,现今在期货仓储中广泛开展。

5.2.4　仓库租赁经营

仓库租赁是出租仓库、场地,出租仓库设备,由存货人自行保管货物的仓库经营方式。进行仓库租赁经营时,最主要的一项工作是签订仓库租赁合同,在法律条款的约束下进行租赁经营,取得经营收入。

采取出租仓库的方式经营,出租人的经营依据是开展仓储保管的收益低于出租的利益,其核心是仓库经营人的保管成本无法降低,或者是仓库经营人不具有特殊商品的保管能力和服务水平。即:仓储保管费 + 保管成本 + 服务成本 < 租金收入。

对于租用仓库者而言,因其具有特殊的保管能力、作业能力,或者为了内部化的需要而租用仓库,自行进行仓库保管。

仓库租赁经营中,租赁双方不是一般意义上的买主和卖主,而是两个关系人之间的约束,一个是出租人,另一个是租用人,两者之间关系的确定不是买卖合同,而是他们所签订的租赁合同,两者的权利和义务也不同于买卖关系。

租用人的权利是对租用的仓库及仓库设备享有使用权(不是所有权),并有保护设备,按约定支付租金的义务。

出租人的权利是对出租的仓库及设备拥有所有权,并享有收回租金的权利。同时必须承认租用人对租用仓库及仓库设备的按约定的使用权,并保证仓库及仓库设备的完好性能。

仓库出租经营既可以整体出租，也可以采用部分出租、货位出租等分散方式。在分散出租形式下，仓库所有人员需要承担更多的仓库管理工作，如环境管理、保管管理等。

5.2.5　流通加工

1）流通加工的概念

流通加工是指物品从生产地到使用地的过程中，根据需要施加包袋、分割、计量、分拣、刷标志、拴标签、组装等简单作业的总称。流通加工是目前仓储企业的一项具有广阔前景的经营业务，它必将给流通领域等带来很大的经济和社会效益。

2）流通加工的作用

①有利于生产者提高生产率，提高产品质量和经济效益。使生产集中于现代化生产模式，以流通加工这一方式来弥补大量生产的不足。

②可以提高物流效率与服务质量，可以使产品满足用户修改化、多样化需求，使物流功能得以完善和提高。

③可提高仓储业加工设备的利用率和劳动生产率。将加工对象集中起来进行流通加工，达到低成本、高质量的加工效果，来满足客户的特殊需求。

④可以提高各种运输手段的运用效率。流通加工能使运输工具、装卸设备充分发挥作用，从而提高货物的运输效率，降低运输费用。

⑤可以完善商品功能，提高经济效益。流通加工可以改变一些商品的功能，使其有更广的适应面，从而促进销售，提高商品的销售量和销售额，满足市场的需要。

3）典型的流通加工方法

①钢材流通加工。采用集中剪板、集中下料方式，可以避免单独剪板下料的一些弱点，提高材料利用率。

②木材流通加工。可依据木材种类地点等进行加工。如在木材产区可对原木进行流通加工，使之成为容易装载，易于运输的形状，以供以后进一步加工。这样既可提高运输效率，也可提高出材率。

③平板玻璃流通加工。主要方式是集中套裁，开片供应。可提高平板玻璃的利用率，简化玻璃生产厂家的规格，实现大量生产，提高生产效率。

④食品流通加工。食品流通加工的项目很多，如冷冻加工、分选加工、分装加工、精致加工等。

⑤煤炭流通加工。煤炭流通加工有多种形式,如矸加工、煤炭加工等。矸加工可提高煤炭运输效益,减少运输能力浪费;煤炭加工可采用管理运输方式运输煤炭,减少煤炭消耗,提高煤炭利用率。

⑥水泥流通加工。此类加工的方法很多,集中搅拌混凝土是其中的一种主要加工方法。

⑦组装产品的流通加工。有些产品在生产过程中完全组装好,不但包装成本高,且运输及装卸效率都会下降,所以对于一些组装技术不高的产品,如自行车、家具可在流通加工中完成。

⑧生产延续的流通加工。一些产品因本身特殊性的要求,需要较宽阔的仓储场地或设施,而在生产场地建设这些设施又不经济,那么就可将部分生产领域中的作业延伸到仓储环节完成。如对时装的检验、分类等。

5.3 仓储商务管理

5.3.1 仓储商务管理的概念

仓储商务是指仓储经营人利用所具有的仓储保管能力向社会提供仓储保管产品和获得经济利益所进行的交换行为。仓储商务是仓储企业对外的基于仓储经营而进行的经济交换活动,是一种商业性行为,因而,仓储商务发生在公共仓储和营业仓储之中,企业自营仓储则不发生仓储商务。仓储商务活动的主要内容有:仓储商情调查和发现商业机会;市场分析和选择商业机会;商务磋商和签订商业合同;合同履行的协调;争议处理和风险控制;企业形象塑造;制订竞争战略和发展市场;保持企业可持续发展。

仓储商务管理则是仓储经营人对仓储商务所进行的计划、组织、指挥和控制的过程,是独立经营的仓储企业对外商务行为的内容管理,属于企业管理的一个方面。仓储商务管理涉及企业的经营目标、经济收益,因而更为重视管理的经济性、效益性。相对于其他企业项目管理,商务管理具有向外性,围绕着仓储企业的与外部发生的经济流动的管理;商务管理又有整体性的特性,商务工作不仅是商务职能部门的工作,涉及仓储企业整体的经营和效益,也是其他部门能否获得充足工作量的保证。因而仓储商务管理是仓储企业的高层管理的核心工作,也是企业其他各部门关心的工作和需要各部门支持的工作。

5.3.2 仓储商务管理的作用

仓储商务管理的目的是仓储企业充分利用仓储资源,最大限度地获得经济收入和提高经济效益。具体表现在:

1)最充分地利用企业资源

商务管理的目的是获得尽可能多的产品交换量,使得仓储生产的产量最大。在良好的仓储管理之下,仓储企业获得最大量的商业机会,也承担了按时完成提供产品的义务。这就需要仓储企业充分利用企业的一切资源,包括仓储能力和作业能力、生产的资金和人力资源,完成生产任务。

2)满足社会需要

仓储企业的商务管理就是为了使仓储企业能进行尽可能大的产品交换,向社会提供尽可能多的仓储产品,满足社会对仓储产品的需要。仓储商务管理的任务就是有效地开发市场,跟随市场的需要改变产品结构,提高服务水平,降低产品价格,提高产品竞争力。通过市场开发,挖掘商业机会,促进交易使被广泛的市场和客户接受。

3)减少成本

生产成本、交易成本的高低是决定产品能否被社会接受的基本条件。仓储商务管理不仅要尽可能地提高交易回报,在市场竞争之下,更重要的是控制成本,提高产品竞争力。仓储商务管理要采取先进的经济管理理论、现代化技术与传统的有效经营相结合的手法,控制和减少交易成本,还要通过管理将限定的产品价格分解到每个生产环节,促使仓储生产的每一个环节有针对性地进行成本管理,实现整体生产成本控制。

4)降低风险

企业的经营风险绝大部分来自商务风险,高水平的商务管理就在于避免发生商务风险,防止责任事故和规避经营风险。建立风险防范机制,及时发现风险隐患,妥善处理协议纠纷,建立仓储商务质量管理体系是仓储商务管理的重要任务。

5)塑造企业形象

商务人员对外交往,代表着企业的形象。通过以人为本、任人唯贤、职责明确的原则建立的商务队伍,在对外商业交往中往往精明能干,业务熟练,提倡合作和服务精神,再加上企业整体守合同、讲信用的商务管理,形成仓储企业可依赖、高水平的企业形象。商务管理的每一项工作都会对企业形象产生直接影响,而良好的企业形象能促进企业的社会效益提高。

6)提高经营收益

通过充分利用仓储企业的有效资源,提供满足社会需要的产品,使产品被市场广泛接受,促进产量的提高;另一方面,严格的成本管理、最少的风险承担使得成本降低,实现仓储企业的经济收益提高。提高整体收益、实现仓储企业可持续发展是仓储商务管理的最终目的。

5.3.3 仓储商务管理的内容

仓储商务管理是仓储企业管理的一个组成部分,涉及对商务工作人、财、物的组织和管理,对企业资源的使用、制度建设、激励机制以及商务队伍的教育培养和发展提高。具体来讲有以下10个方面:

①仓储商务机构的设定和商务人员的选用和配备,商务工作制度、商务管理制度的设立。

②有效地组织市场搜寻,广泛搜集并高质量地分析市场信息,捕捉有利的商业机会,科学制订竞争策略。

③根据市场的需要和发展,科学地规划并设计产品营销策略,督促产品推销。

④进行科学合理的组织,充分利用先进技术和传统的有效方法降低交易成本。

⑤准确地计算成本核算,确定合适的价格,提高产品的竞争力。

⑥细致地进行成本分解,促进企业整体成本管理的效果,进一步降低成本。

⑦以优质的服务满足消费和用户的需要,实现企业经济效益和效益。

⑧加强交易磋商管理和合同管理,严格依合同办事,讲信誉、保证信誉。

⑨建立风险防范机制,妥善处理商务纠纷和冲突,防范和减少商务风险。

⑩加强商务人员管理,以人为本,充分发挥全体商务人员的积极性和聪明才智。重视商务人员的培养和提高,确保商务人员能跟上时代发展的要求并保持发展后劲。

5.3.4 仓储商务的内容与过程

1)仓储经营决策

仓储企业根据社会对仓储产品的需要,以及仓储企业所具有的能力和实力,仓储市场的供给水平,遵循充分利用企业资源,满足社会需要和获得最大利润的原则,合理制订实现企业经营发展目标的方法和经营决策。根据需要和能力,仓储企业可以选择租赁经营、公共仓储、物流中心或者配送中心方式经营,或者采用单项经营或者综合经营方式,实行独立经营或者联合经营的经营定位。根据企业所选择的经营方式，合理组织商务队伍，制定仓储商务管理和作业规章制度，形成科学、合理的管理体系。

2）市场调查和市场宣传

市场调查研究不仅是企业经营决策的依据，也是仓储企业经营的日常工作。商务部门需要不断进行市场调查和发现商业机会，搜寻商机，以便建立商业关系。商务商场调查主要针对市场的供求关系，消费者对产品需求的变化，同时对将来的发展进行准确调查和科学预测，以便企业进行经营决策、产品设计和商务宣传。

市场宣传是企业建立企业形象的一种手段，也是企业获得商业机会的手段之一。商务部门应合理、充分利用企业的有限资源，采取针对性的有效措施，对潜在的客户和竞争对手的客户进行有效宣传和推广，促进业务关系的建立。市场宣传可以采用广告宣传、企业联系、宣传推广、人员促销等方法进行。

3）积极营销和妥善选择商机

营销也称为也市场营销，是从市场需要出发，构思、设计、促销和分销的规划和实施过程。其核心是交换，实现双方互利的交换。仓储企业按照市场对产品的需求，设计仓储方案并向社会推广，实现交易，达到仓储营销管理的目的。积极营销就是要细致地开展市场、分析产品、准确地选择目标市场和产品定位，合理地确定营销组合，严格管理营销活动过程。

仓储推销可以采用人员推销和非人员推销的方式，人员推销是选择合适的员工采取上门推销、柜台推销、会议推销等方式进行面对面的推销；非人员推销则是采用广告、营业推广、公共宣传等方式使产品被社会接受。

在获得商机之后，仓储企业应根据企业的经营目标和客户的资信选择合适的对象开展交易。

4）订立仓储合同

合同是市场经济主体之间渴望发生民事关系的手段。通过订立合同，两个独立的经济主体发生了债权债务关系。需要仓储服务的存货人与经营仓储的保管人通过订立仓储合同发生了货物保管和被保管的经济关系，并通过仓储合同调整双方关于仓储的权利和义务。仓储合同经过双方要约和承诺的过程，当双方意见一致时合同成立。

由于物资仓储往往需要较长时间，还可能需要对仓储物进行了加工处理、分拆等作业，进行流通管理，为了保证保管人员严格按照存货人的第三方关系，仓储合同需要订立较为完备的合同，需要合同条款细致，内容充分。由于仓储保管是双方的行为,需要较为完整的权责订立程序,明确地表示合同成立,以及完整的合同形式。

5)存货人向仓库存货

存货人应按合同的约定向保管人交付仓储物。存货人交付仓储物是存货人履行合同的行为。存货人交付仓储物时必须对仓储物进行妥善处理,保证仓储物适合仓储。对危险品或易变质物品,要提供有关资料,说明仓储物的性质和整理方式,对仓储物的状态、质量程度提供相应的证明。存货人须按合同的约定将仓储物准备好,在合同约定的地点或者仓储地点,为仓库卸货提供方便,在货物交付给仓库时与仓库工作人员共同理货、查验货物。

合同约定预付仓储费的,存货人在存货时应向保管人支付保管费。

6)保管人接收货物和保管货物

保管人应按照合同约定在接收仓储物之前准备好仓储场地,使场地适合仓储物存放和保管。保管人在接收仓储物之前必须验收仓储物,对仓储物进行理货检验,确认仓储物的状态、质量,以及仓储物的准确数量。

合同约定由保管人负责仓储物装卸、堆放的,保管人应安排并妥善进行卸载、堆放。仓储物接收完毕,保管人应根据约定向存货人签发仓单。约定由存货人卸货存放的,存货人按照仓库的安排,将货物运至指定地点,卸货并按仓库的要求进行堆码摆放。

在仓储物入库后,保管人应按照合理的方法、有效的措施对仓储物进行妥善地管理和相应的作业。在存放期间若仓储物损害或发生变化,应及时通知存货人处理,并采取必要的处理措施,减少损失。同意存货人或者仓单持有人检查仓储物或提取样品。

7)存货人(仓单持有人)提货

仓储期届满,存货人或者仓单持有人凭仓单向保管人提取仓储物,交付仓储费用和保管人的垫费,因仓储物的性质而造成的保管人的损失,超期存货和超期加收费等费用。提货人在提货时要对仓储物进行检验,确认仓储物的状态和数量。

提货人提货完毕,在仓单上签署后,将仓单交回保管人。

如果合同末约定存储期限,存货人或者仓单持有人可以随时要求提取储物,但应有合理通知期。

提货人对仓储中产生的残损货物、收集的地脚货、货物残余物等应一并提取。

仓储物在存放期间产生的孳息,没有约定由保管人享受的,保管人应交给仓单持有人。

5.3.5　仓储合同

1)仓储合同的定义

仓储合同也称为仓储保管合同,是指仓储保管人接受存货人交付的仓储物,并进行妥善保管,在仓储期满将仓储物完好地交还,保管人收取保管费的协议。

2)仓储合同的条款

仓储合同为不要式合同,没有严格的条款规定,当事人根据需要商定合同事项,且由双方协议采用合同的形式。仓储合同的条款有当事人条款、仓储物条款、仓储条款、价款、当事人的权利和义务、违约责任和争议处理条款,其具体内容包括:

①存货人、保管人的名称和地址。

②仓储物的品种、数量、质量、包装、件数和标记。

③交接时间和地点、验收方法。

④仓储物的损耗标准。

⑤储存场所。

⑥储存期间。

⑦仓储费。

⑧仓储物的保险约定。

⑨违约责任。

⑩合同变更解除的条件。

⑪争议处理。

⑫合同签署。

3)仓储合同格式

仓储合同是不要式合同,当事人可以协议采用任何合同格式。合同的格式主要有:

(1)合同书

合同书是仓储合同的最标准的格式(如附页所示)。合同书由合同名称、合同编号、合同条款、当事人签署4个部分构成。合同书具有形式完整、内容全面、程序完备的特性,便于合同订立、履行、留存和合同争议的处理。

(2)仓单

仓单是仓储合同的一般形式。仓单是由保管人在接收仓储物时向存货人签发的货物凭证。仓单是提取仓储物的凭证。存货人或者仓单持有人在仓单上背书并经保管人签字或者盖章的,可以转让提取仓储物的权利。仓单由保管人提供。仓储经营人准备好仓单簿,仓单簿为一式两联,第一联为仓单,在签发后交给存货人;第二联为存根,由保管人保存,以便核对仓单。

仓单包括下列事项:

①存货人的名称或者姓名、住所。

②仓储物的品名、数量、包装、件数和标记。

③仓储物的耗损标准。

④储存场所。

⑤储存期间。

⑥仓储费。

⑦仓储物的保险金额、期间以及保险人的名称。

⑧填发人、填发地和填发日期。

(3)确认书

在采取口头(电话)、传真、电子电文等形式商定合同时,为了明确合同条款和表达合同订立,常常采用一方向另一方签发确认书的方式确定合同,确认书是合同格式的主要部分。由于确认书仅由发出确认书一方签署,与完整合同书有所不同,但其功能相同。

确认书有两种形式,一种仅列明合同主要事项,合同的其他条款在其他文件中表达,如传真:本公司同意接受贵公司9月20日提出的仓储200吨钢管的要求,请按时发货。另一种是将完整合同事项列在确认书上,形式相当于合同书。

(4)计划表

在订立长期仓储合同关系中,对具体仓储的安排较多采用计划表的形式,由存货人定期制订仓储计划交保管人执行。计划表就是长期仓储合同的补充合同或执行合同。

(5)格式合同

对于仓储周转量极大、每单位仓储物量较小,也就是次数多、批量少的公共仓储,如车站仓储等,保管人可以采用格式合同。格式合同是由一方事先拟订,并在工商管理部门备案的单方确定合同。在订立合同时只是由保管人填写仓储物、存期、费用等变动事项后直接签发并让存货人签认,不进行条款协商。

4)仓储合同当事人的权利和义务

当事人的权利和义务来自于合同的约定和法律的规定。在合同中的权利和义务的规定包括合同明示条款和合同的默示条款。明示条款具有绝对的权力,当事人应尽可能采用明示条款明确双方的权利和义务;默示条款则是在合同中没有写出的,但是根据订立合同的环境和合同性质依据一般的专业知识可以合理地推定出的当事人合同履行中所能享受的权利与要承担的义务。

存货人权利和义务主要有对仓储物的完整明确的告知和瑕疵告知、妥善处理和交存货物、支付仓储费和偿付必要费用、查验、取样、及时提货等。

保管人的权利和义务主要有:提供合适的仓储条件、验收货物、签发仓单、合理化仓储、返还仓储物、危险通知等。

【做一做】

一、经典案例阅读

案例1

青岛啤酒集团的仓储管理

青啤集团的仓储物流改革是首先成立了仓储调度中心,对全国市场区域的仓储活动进行重新规划,对产品的仓储、转库实行统一管理和控制。由提供单一的仓储服务,到对产成品的市场区域分布、流通时间等全面的调整、平衡和控制,仓储调度成为销售过程中降低成本、增加效益的重要一环。以原运输公司为基础,青啤集团注册成立具有独立法人资格的物流有限公司,引进现代物流理念和技术,并完全按照市场机制运作。作为提供运输服务的“卖方”,物流公司能够确保按规定要求,以最短时间、最少的投入和最经济的运送方式,将产品送至目的地。同时,青啤集团应用建立在Internet信息传输基础上的ERP系统,筹建了青岛啤酒集团技术中心,将物流、信息流、资金流全面统一在计算机网络的智能化管理之下,建立起各分公司与总公司之间的快速信息通道,及时掌握各地最新的市场库存、货物和资金流动情况,为制定市场策略提供准确的依据,并且简化了业务运行程序,提高了销售系统工作效率,增强了企业应变能力。

同时,青啤集团还对运输仓储过程中的各个环节进行了重新组合、优化,以减少运输周转次数,压缩库存,缩短产品仓储和周转时间等。具体做法是:根据客户订单,产品从生产厂直接运送往港、站,省内定货从生产厂直接运到客户仓库。仅此一项,每箱的成本就下降了 0.5 元。同时对仓储的存量做科学的界定,并规定上限和下限,上限为 1.2 万/吨。低于下限会发出要货指令,高于上限再安排生产,这样促使仓储成为生产调度的“平衡器”,从根本上改变了淡季库存积压,旺季市场断档的尴尬局面,满足了市场对新鲜度的需求。

这个产品物流体系实现了环环相扣,销售部门根据各地销售网络的要货计划和市场预测,制订销售计划;仓储部门根据销售计划和库存及时向生产企业传递要货信息;生产厂有针对性地组织生产;物流公司则及时调度运力,确保交货质量和交货期。现时销售代理商在有了稳定的货源供应后,可以从人、财、物等方面进一步降低销售成本,增加效益,经过一年多的运转,青岛啤酒物流网也取得了阶段性的成果。首先是市场销售的产品新鲜度提高,青岛及山东市场的消费者可以喝上当天、当周酒,省外市场的东北、广东及沿海城市的消费者,可以喝上当周、当月酒。其次是产成品周转速度加快,库存下降使资金占用下降了 3 500 多万元,仓储费用下降 187 万元。

实践证明,现代物流体系的建立,使青岛集团的整体营销水平和市场预测竞争能力大大提高,1999 年,青岛啤酒集团产销量达到 107 吨,再登国内榜首。

案例思考题

从青岛啤酒的仓储改革中,你认为仓储业应向哪些方向发展?在物流管理不断提升的今天,仓储业应如何适应?

案例 2

赤湾港的散装化肥的流通加工

赤湾港是中国重要的进口散装化肥灌包港口和集散地之一,每年处理进口化肥灌包量均在 100 万吨以上。赤湾港涉及了对化肥多品种、多形式的港口物流拓展,涵盖了散装灌包、进口保税、国际中转、水路铁路公路配送等多项服务。

赤湾港从国外进口化肥的装运采用散装方式,到达港口以后,通过门式起重机的抓斗卸货到漏斗,通过漏斗输送到灌包房,灌包房设有散货灌包机,利用灌包机将散装化肥灌成袋装化肥再进行销售。

案例思考题

试针对案例讨论仓储流通加工有什么好处?

二、实训活动

◎ 内容

订立仓储合同

◎ 目的

通过订立仓储合同，全面了解仓储合同的内容，并对相关商品学、仓储技术等知识综合运用。

◎ 人员

1. 实训指导：任课老师

2. 实训编组：学生按2～4人分成若干组。

◎ 时间

2课时

◎ 要求

结合具体仓储活动，尽量贴合实际，分角色根据所提供合同范例研讨合同的内容。

附页：

仓储合同（范例）

合同编号：

存货人（甲方）：　　　　　地址：　　　　　联系电话：

保管人（乙方）：　　　　　地址：　　　　　联系电话：

存货人和保管人根据《中华人民共和国合同法》，经双方协商一致，签订本合同。双方同意本着友好合作的原则共同信守。

第一条　储存货物的名称、规格、包装、数量、质量（或者采用如下表格）

编　号	包　装	货物名称	品种规格	数　量	质　量	备　注

第二条　货物包装

（1）存货方负责货物的包装，包装标准按国家标准或行业标准规定执行。没有以上标准的，在保证运输和储存安全的前提下，由合同当事人议定。

(2)包装不符合国家或合同规定，造成货物损坏、变质的，由存货方负责。

第三条　货物保管地

保管方法：根据　　　规定进行保管，或者　　　（双方协商方式进行保管）。

第四条　保管期限：从　　年　　月　　日至　　年　　月　　日。

第五条　验收项目和验收方法

(1)存货方应当向保管方提供必要的货物验收资料，如未提供必要的货物验收资料或提供资料不齐全、不及时，所造成的验收差错及贻误索赔期或者发生货物品种、数量、质量不符合合同规定时，保管方不承担赔偿责任。

(2)保管方应按照合同规定的包装外观、货物品种、数量和质量对货物进行验收，如果发现入库货物与合同规定不符，应及时通知存货方。保管方未按规定的项目、方法和期限验收，或验收不准确而造成的实际经济损失，由保管方负责。

(3)验收期限：国内货物不超过　　天，国外到货不超过　　天。超过验收期限所造成的损失由保管方负责。货物验收期限，是指货物和验收资料全部送达保管方之日起至验收报告送出之日止。日期均以运输或邮电部门直接送达的签收日期为准。

第六条　入库和出库的手续

按照有关入库、出库的规定办理，如无规定，按双方协议办理。入库和出库时，双方代表或经办人都应在场，检验后的记录要由双方代表或经办人签字。该记录就视为合同的有效组成部分，双方当事人各保存一份。

第七条　损耗标准和损耗处理

按照有关损耗标准和损耗处理的规定办理，如无规定，按双方协议办理。

第八条　保管费率为　　元/(吨·每天)，不足12小时按半天计算；总保管费为　　元。费用在货物交存保管的　　天内交付给保管人或保管到期前交付。结算办法：　　　　。

第九条　违约责任

(一)保管方的责任

(1)由于保管方的责任，造成退仓或不能入库时，应按合同规定赔偿存货方运输费和支付违约金　　元。

(2)对危险品和易腐货物，不按规程操作，妥善保管，造成毁损的，负责赔偿损失。

(3)货物在存储期间，由于保管不善而发生货物灭失、短少、变质、污染、损坏的，负责赔偿损失。如属包装不符合合同规定或超过有效储存期而造成货物损坏、变质的、不负赔偿责任。

(4)由保管方负责发运的货物,不能按期发货,赔偿存货逾期交货的损失,错发到货地点除按合同规定无偿运到规定的地点外,并赔偿存货方因此而造成的实际损失。

(二)存货方的责任

(1)易燃、易爆、有毒等危险品和易腐物品,必须在合同中注明,并提供必要的资料,否则造成货物毁损或人身伤亡,由存货方承担赔偿责任直至由司法机关追究刑事责任。

(2)存货方不能按期存货,应偿付保管方损失。向保管方支付违约金　　元。

(3)超协议储存量储存或逾期不提时,除交纳保管费外,还应偿付违约金　　元/吨每天。

(三)违约金和赔偿法

(1)违反货物入库和货物出库的规定时,当事人必须向对方交付违约金。违约金的数额,为违约所涉及的那天一部分货物的　　个月保管费(或租金)或　　倍的劳务费。

(2)因违约金使对方遭受经济损失时,如违约金不足的抵偿实际损失,还应以赔偿金的形式补偿其差额部分。

(3)前述违约行为,给对方造成损失的,一律赔偿实际损失。

(4)赔偿货物的损失,一律按照进货价或国家批准调整后的价格计算;有残值的,应扣除其残值部分或残件归赔偿方,不负责赔偿实物。

第十条　由于不能预见并且对其发生和后果不能防止或避免的不可抗力事故,致使直接影响合同的履行或约定的条件履行时,遇有不可抗力事故的一方,应立即将事故情况电报通知对方,并应在　　天内,提供事故详情及合同不能履行、或者部分不能履行、或需要延期履行的理由的有效证明文件,此项证明文件应由事故发生地区的公证机构出具。按照事故对履行合同影响的程序,由双方协商决定是否解除合同,或者部分免除履行合同的责任,或者延期履行合同。

第十一条　本合同所发生的争议,双方应本着友好协商的方式协商解决,不能协商解决的双方同意在　　仲裁委员会仲裁。

第十二条　其他。

保管方:　　　(盖章)　存货方:　　　(盖章)

法定代表人:　　　法定代表人:

地址:　　　地址:

银行账户:　　　银行账户:

签订日期:　　年　　月　　日

【任务回顾】

仓储企业应当加强仓储经营,应当努力实现仓储经营活动的"快进、快出、多储存、多经营、保管好、费用省"。仓储企业可以从保管仓储、混藏仓储、消费仓储、仓库租赁经营、流通加工等方面开展经营活动。

了解仓储商务的内容和流程,学会撰写仓储合同。

【名词速查】

1. 仓储经营管理

在仓库管理活动中,运用现代的管理思想,先进的管理理论和科学方法,市场经济的经营理念,对仓储经营活动进行计划、组织、指挥、协调、控制和监督,以实现最佳的协调与配合,充分利用仓储资源,降低仓储经营管理成本,提高仓储经营效益。

2. 保管仓储

保管人储存存货人交付的仓储物,存货人支付仓储费的一种仓储经营方法。

3. 混藏仓储

存货人将一定品质数量的种类物交付保管人储藏,而在储存保管期限届满时,保管人终需以相同种类、相同品质、相同数量的替代物返还的一种仓储经营方法。

4. 消费仓储

存货人不仅将一定数量品质的种类物交付仓储管理人储存保管,而且与保管人相互约定,将储存物的所有权也转移给保管人,在合同期届满时,保管人以相同种类、相同品质、相同数量替代品返还的一种仓储方法。

5. 仓库租赁

出租仓库、场地,出租仓库设备,由存货人自行保管货物的仓库经营方式。

6. 流通加工

指物品从生产地到使用地的过程中,根据需要施加包袋、分割、计量、分拣、刷标志、拴标签、组装等简单作业的总称。

7. 仓储商务

仓储经营人利用所具有的仓储保管能力向社会提供仓储保管产品和获得经济利益所进行的交换行为。

8. 仓储合同

仓储保管人接受存货人交付的仓储物,并进行妥善保管,在仓储期满将仓储物完好地交还,由保管人收取保管费的协议。

【任务检测】

一、单选题

1. 储存物的所有权发生转移的仓储方式为(　　)。

A. 保管仓储　B. 混藏仓储　C. 消费仓储　D. 仓库租赁

2. 进行仓库租赁经营时,最主要的是一项工作是(　　)。

A. 建设仓库　B. 规划场地

C. 购买仓库设备　D. 签订仓库租赁合同

3. 下列不属于流通加工内容的选项是(　　)。

A. 分割、计量　B. 分拣、组装

C. 刷标志、栓标签　D. 充填、灌装

4. 相对于其他企业项目管理,商务管理具有(　　)。

A. 对内性　B. 向外性　C. 流动性　D. 整合性

5. (　　)是指仓储保管人接受存货人交付的仓储物,并进行妥善保管,在仓储期满将仓储物完好地交还,保管人收取保管费的协议。

A. 仓单　B. 仓储合同　C. 仓储商务　D. 仓储租赁

二、多选题

1. 下列属于仓储商务管理作用的选项是(　　)。

A. 最充分地利用企业资源　B. 满足社会需要　C. 减少成本

D. 降低风险　E. 塑造企业形象　F. 提高经营收益

2. 仓储经营的意义是(　　)。

A. 搞好仓储经营活动是社会再生产顺利进行的必要条件

B. 搞好仓储经营活动是保护物资原有使用价值和合理地使用物资的重要手段

C. 是提高仓储能力,加快资金周转,节约费用、降低成本、提高经济效益的有效途径

D. 可将仓储设施向社会开放,开展多样化经营,提高效益

E. 开展仓储经营可以加强企业基础工作,提高管理水平

3. 保管仓储的经营特点主要有(　　)。

A. 保管仓储的目的在于保持保管原状

B. 仓储管理的物一般都是数量大、体积大、质量高的大宗货物、物资

C. 保管仓储活动是有偿的,保管人为存货人提供仓储服务,存货人必须支付仓储费

D. 保管经营的整个仓储过程由保管人员进行操作,仓储经营人需要有一定的投入

4. 消费在合同期届满时,保管人以(　　)替代品返还的一种仓储方法。

A. 相同品质　　B. 相同种类　　C. 相同大小　　D. 相同数量

三、判断题

1. 仓储经营的目标是实现仓储经营活动的“快进、快出、多储存、多经营、保管好、费用省”。(　　)

2. 仓储管理的物一般都是数量少、体积小、质量轻货物。(　　)

3. 仓单是仓储合同的特殊形式。(　　)

4. 保管人的权利和义务主要有:提供合适的仓储条件、验收货物、签发仓单、合理化仓储、返还仓储物、危险通知等。(　　)

5. “多经营”是指仓储采用多种经营方式提高企业收益。(　　)

四、思考题

1. 为什么要开展仓储经营?

2. 仓储经营的目标是什么?

3. 如何实现仓储经营的目标?

4. 仓储经营方法有哪些?

5. 仓储合同的条款有哪些?

6. 存货人与保管人分别有什么合同权利和义务?

参考答案

一、单选题

1. C　2. D　3. D　4. B　5. B

二、多选题

1. ABCDEF　2. ABCDE　3. ABCD　4. ABD

三、判断题

1. ✓　2. ✕　3. ✕　4. ✓　5. ✓

四、思考题

1. 开展仓储经营具有重要的意义:

①搞好仓储经营活动是社会再生产顺利进行的必要条件。

②搞好仓储经营活动是保护物资原有使用价值和合理地使用物资的重要手段。

③搞好仓储经营活动,是提高仓储能力,加快资金周转,节约费用、降低成本、

提高经济效益的有效途径。

④仓储经营是物流发展的需要,可将仓储设施向社会开放,开展多样化经营,提高效益。

⑤开展仓储经营可以加强企业基础工作,提高管理水平。

2. 仓储经营的目标:

仓储经营的目标按照仓储活动的各项要求和仓储管理上的需要,把与仓储经营有直接关系的部门、环节、人尽可能合理地组织起来,使他们的工作协调有效地进行,加速商品在仓库中的周转,合理地使用人力、物力以取得最大的经济效益。

具体讲,仓储经营的目标是实现仓储经营活动的“快进、快出、多储存、多经营、保管好、费用省”。

3. 如何实现仓储经营的目标?

在实现仓储经营目标,仓储经营组织过程时,应综合考虑各方面的因素,并注意以下几个方面:一是保证仓储作业过程的连接性;二是实现仓储作业过程的比例性;三是采取仓储经营方法的多样性;四是充分调动仓库人员的积极性;五是具有有利人才培养的机制;六是具有良好的风险防范机制。

4. 仓储经营方法有:

根据仓储目的不同可分为:保管仓储、混藏仓储、消费仓储、仓库租赁经营、商品交易、流通加工等。

5. 仓储合同的条款:

仓储合同为不要式合同,没有严格的条款规定,当事人根据需要商定合同事项,且由双方协议采用合同的形式。仓储合同的条款有当事人条款、仓储物条款、仓储条款、价款、当事人的权利和义务、违约责任和争议处理条款。

具体有:①存货人、保管人的名称和地址;②仓储物的品种、数量、质量、包装、件数和标记;③交接时间、地点和验收方法;④仓储物的损耗标准;⑤储存场所;⑥储存期间;⑦仓储费;⑧仓储物的保险约定;⑨违约责任;⑩合同变更解除的条件;⑪争议处理;⑫合同签署。

6. 存货人与保管人的合同权利和义务:

存货人权利和义务主要有对仓储物的完整和瑕疵明确的告知,妥善处理和交存货物,支付仓储费和偿付必要费用,查验和取样,及时提货等。

保管人的权利和义务主要有:提供合适的仓储条件、验收货物、签发仓单、合理化仓储、返还仓储物、危险通知等。

任务6
学会仓储经济分析

教学要求

1. 清楚仓储费用的构成；

2. 知道仓储业务收入的组成；

3. 陈述仓储经济核算的内容；

4. 了解仓储经济核算的常用指标。

学时建议

知识性学习4课时；

案例学习讨论2课时。

【导学语】

【学一学】

一个仓储企业效益怎样，是好是坏，挣钱还是赔钱，要了解这些就有必要对仓储活动进行经济分析。首先应当了解仓储成本、仓储费用的构成，再就应当分析仓储企业可能取得的收入，这样就可以分析出企业的盈利水平。

一个仓储企业管理水平如何，仅仅了解自身的经营状况是不够的，通过对于仓储活动主要经济指标的分析，可以对不同的仓储企业进行横向比较。

6.1　仓储费用构成

仓储费用是指货物在仓储保管过程中的各种支出，是货物在仓储保管过程中所付出的人力、物力和财力的总和，包括用于仓储的设施、设备投资和维护费用，用于仓储作业所消耗的人力和物力消耗，货物本身的自然损耗，等等。

仓储费用一般由以下几部分构成。

6.1.1　折旧费（或租金）

对于仓库、料场、仓储设备、装卸搬运设备等固定资产一般以折旧费的形式计入仓储成本。折旧费按折旧期分年提取。不同的设施设备的年折旧率是不同的，基础设施的折旧率较低，一般可以30年为期；而机械设备的折旧率较高，折旧年限根据设备的技术性能可取5~20年。为使仓库技术水平具有竞争力，可以采用加速折旧的方法，以尽快回收投资，用于设施（设备）的更新与改造。

如果仓储企业所使用的仓库、料场、铁路线和码头不属于自己，则应按协议规定来支付这些设施的租用费用。

6.1.2　保管费

保管费是指为存储货物所开支的货物养护、保管等费用。包括用于货物保管的货架、货柜的费用,货物进行防锈、防腐特殊处理的费用等。

6.1.3 修理费

修理费是指仓储设施、设备和运输工具的日常维修和定期大修的费用。修理费可按一定的修理费率每年提取作为大修基金,大修基金一般按设施、设备和运输工具投资额的3% ~5%的比率提取。

6.1.4 人员成本

人员成本是指各种仓储工作人员的工资与福利费支出。工资部分包括固定工资、奖金和各种生活补贴;福利费是指按相应标准提取的由企业为工作人员办理的各种社会保险费用和公积金,包括养老保险、医疗保险、住房公积金等。

6.1.5 电力和燃料、润料费

作为动力用的电力和燃料开支按装卸搬运货物的吨数(有时也按件数)分摊。照明用电则根据照明面积和规定的仓库照明亮度确定。用于设备润滑的材料可按设备不同的要求计算。

6.1.6 仓储损失(或保险费)

由于货物自然物化特性,货物不可避免地会损坏、变质。为应付仓储企业在其责任期限内因发生货物灭损而造成经济损失,对存储的货物按其价值和存储期限进行投保是必要的。这笔开支已成为仓储成本的重要组成部分。

除上述开支外,仓储成本中还应包括管理费(用于办公、业务处理,管理人员工资、人员培训等);营销费(如企业宣传、广告以及其他促销手段所需的支出);水煤电话等开支。

6.2 仓储收入

要确定仓储业务的收入,首先应明确收入的组成部分,然后据此计算出各种收费的费率。

6.2.1 仓储收入的组成

根据劳动的支出,仓储收入主要分为装卸收入、存储收入、加工收入、辅助作业费、租金等。

①货物进出库装卸费应根据装卸货物的吨数(有时按件数)、所使用的装卸机

械设备使用费以及货物的装卸难易程度确定。

②货物存储费则根据货物的存储数量(吨数或件数)、时间、货物的价值以及保质的要求等确定。

③货物挑选、整理、包装等加工费用应根据不同的规格要求确定其收费。仓储企业一般可从事的加工有货物的挑选、整理、修补、包装、成组、熏蒸、代验、计量、刷标、更换包装、代收发货、代办保险、代办运输、货物的简单装配等。

④集装箱辅助作业费,包括:拆装箱费、存箱费、洗箱费以及集装箱修理费等。如果仓储企业拥有集装箱可供用户租用,则还可以收取租箱费。

⑤拥有铁路专用线或码头的仓储企业还可收取这些设施的使用费。仓储企业也常将富余的仓库设施,甚至整个库房或库区按面积和技术条件租赁给用户,并收取租金。

6.2.2 仓储费率

货物仓储费率由存储费率、进出库装卸搬运费率和其他劳务费率构成。

存储费率可根据货物保管的难易程度、货物价值、进出库场的作业方式等制定。库房、货场的货物储存费率以吨/天计算,其基础是吨/天保管成本。对于存储中使用苫垫材料的,需按使用的苫材料的数量另加苫垫费。

仓库性质的不同,其存储费率的计算方法也不同,对用于长期存储的仓库,每天存储费率一般不变;而对于中转性质的仓库,则往往采取按时间费率递增的计算方法,其目的是加快有限的库场周转。

进出库场的装卸、搬运费率包括设备使用费率和劳动力费率。计费项目有:进出货物的装卸、上下楼、过磅、点数、堆码、拆垛、拼垛、设备使用的动力燃料和电力、设备折旧、修理等。

因货物保管以及货主要求所进行的对仓储货物的加工。其费率可根据加工项目、数量以及难易程度确定费率,有些特殊加工可采取协议方法确定其费率。

6.2.3 结算

及时结算并收取各种费用是一项加速资金周转、提高资金使用率的重要工作。

存储费的收计天数从货物进仓之日起至货物出库之日前一天止。仓库业务部门每天根据存货单位当天的货物出入库凭证,分别计算出各存货单位的货物进仓吨数、出仓吨数以及结余吨数,填写货物进出日结单。在每月末结算出各存货单位的结存累计吨数和进、出仓累计吨数后,交仓库财务部门计算应收的各项费用,然后向存货单位收取存货款。

6.3 仓储企业经济核算

6.3.1 经济核算的意义

1)有利于提高仓储经济经营管理水平和经济效益

经济核算适用于各种类型的企业,它有利于提高企业的经济效益,降低仓储生产经营中的各种浪费。通过经济核算,可将企业的经济利益与职工的经济利益紧密地联系起来,以改善企业经营管理的自觉性。

2)有利于加速仓储企业的现代化建设

经济核算能优化企业的劳动组织,改进企业的技术装备和作业方法,提高劳动效率,降低消耗。在劳动组织中不进行经济核算,将会使仓储企业人浮于事、机构臃肿;而在引进新型设备时,不进行经济核算,则可能因仓储成本的上升导致存储费用的增加,以使货主难以承受。通过经济核算,有利于推动仓储技术的革新,充分挖掘仓库的潜力。经济核算应该是一项定期性的工作,通过经济核算可以不断发现仓储工作中存在的薄弱环节,并加以解决。

6.3.2 经济核算的内容

仓储活动的经济核算是对仓储经营活动的物化劳动消耗与经营成果进行核算。通过核算和对比分析,力求以较少的经营开支,取得较大的经济效益。核算的内容包括:

1)仓储经营成果的核算

仓库的基本职能是保管货物,在同等条件下,如果保管的货物越多,保管质量越好,劳动消耗与财产耗费越少,则经营成果越大。

2)仓储劳动消耗的核算

仓储劳动消耗包括活劳动消耗和物化劳动消耗。活劳动消耗是核算工资、资金等支出的依据,活劳动消耗的考核目标是提高劳动生产率。物化劳动消耗是核算仓储经营中物质资料的消耗,这包括:固定资产的折旧,货物在保管、养护、包装和进出库装卸等过程中所使用的材料、能源以及家具、管理费用等的消耗。劳动消耗是以仓储成本来核算的,因此,仓储成本核算是仓储活动经济核算的一项重要的内容。仓储成本在核算时,一般以吨保管成本为核算单位,为此,必须按照财务制度的规定正确处理生产费用的分摊和折旧的计算,以及成本的划分范围。

3)资金的核算

为了使仓储业务正常运转,企业需要备有一定的流动资金,用于支付日常的易耗材料的添置。例如,仓库需要保有一定数量的货物苫垫,养护、包装、劳保等材料。除此之外,设施和设备使用的折旧期较长,在折旧费全部返回之前,投入的资金也被占用。因此,企业在经营过程,始终存在被占用的资金。资金核算就是要在完成同样的业务量,并保证仓储质量的情况下,使企业被占用的资金最少。

进行资金核算,首先应确定当前固定资产的价值和与生产经营相适应的流动资金的需要量。为了提高固定资产投资资金利用率,对于基建投资应按规定及时组织验收并尽快投入使用。对于设备,应根据需要进行购置,购进的设备应尽快调试,并投入运行。在国外,为了提高固定资产投资资金的利用率,往往采取加速折旧的方法。对于企业流动资金的核定,应根据仓储业务量最低需要的日常流动资金额确定。当然,最低需要的数额与仓储企业的管理水平有密切关系。随着管理水平的提高,企业能逐步找到最佳的日常使用材料的储备数量,这一数量同时也保证资金占用较低。

4)盈利核算

企业的生存是靠盈利,因此,企业经营所追求的目标是获取最大利润。来进行扩大再生产,并提高职工的待遇,国家也将从盈利增加税收。在非垄断的市场经济中,企业获利并不能仅靠提高仓储价格来实现,这样会失去自己的市场,而主要靠改进自己的仓储服务,提高仓储质量,并通过可以依赖的宣传,使用户了解企业。当然,根据市场的需求情况,制订出合理的仓储价格也是非常重要的。为了了解盈利情况,对一些盈利指标进行考核是必要的,例如考核企业的成本盈利率、资金盈利率和仓储收入盈利率等。

6.3.3 经济核算指标

仓储活动经济核算指标应该包括价值方面的指标、质量方面的指标、费用方面的指标以及效益方面的指标等。一般使用的经济核算指标有以下几项:

1)仓库单位面积货物量

$$\text{单位面积货物量} = \frac{\text{核定货物存储量}}{\text{仓库有效面积}}$$

核定货物存储量可以通过面积(或容积)利用率的测定,并考核货物的性能、包装、业务性质、机具设备、技术水平等因素确定。

仓库有效面积的核定是仓库建筑面积扣除办公、通道等不能用于储存货物的面积后的仓库存货面积。

2)账货相符率

账货相符率是指仓储账册上的货物与存储量与实际仓库中保存的货物数量之间的相符合程度。一般在对仓储货物盘点时,逐笔与账面数字核对。

统计时可采用以下公式:

$$账货相符率(\%) = \frac{账货相符笔数}{库存货物总笔数} \times 100\%$$

账货相符率指标反映出仓库的管理水平,是避免企业财产损失的重要手段。

3)收、发货差错率

$$收、发货差错率(\%) = \frac{收发货差错累计数}{收发货累计笔数} \times 100\%$$

这是仓储管理的质量指标,用于衡量收发货的准确性,保证仓储的服务质量。仓库收、发货差错率一般应控制在0.5%以下。

4)货物保管损失

货物保管损失是仓库的一项直接损失,一般以吨保管损失费用计,其计算公式为:

$$保管损失(元/吨) = \frac{保管损失金额(元)}{平均存储量(吨)}$$

5)货物自然损耗率

货物自然损耗率主要指那些易挥发、失重或破碎的货物,对其制定一个损耗限度,并力争自然损耗率降到最低。损耗率的计算公式为:

$$货物损耗率(\%) = \frac{货物损耗量}{货物保管量} \times 100\%$$

6)平均收发货时间

平均收货时间是指仓库收、发每一票货所用的平均时间,这是一项提高仓储劳动效率,改进服务质量的指标。一般仓库的收发货时间控制在一个工作日之内,而对于大批量、难以验收的收发货业务可适当延长时间。

收、发货时间界定为，收货时间自单证和货物到齐开始计算，经验收入库，至将入库单交保管会计登账为止。发货时间自仓库接到发货单开始，经备货、包装、填单，直至办妥出库手续为止。

7) 成本指标

货物保管成本指标是指标体系中的一项经济指标，反映劳动生产率的高低，技术设备的利用效率，材料、燃润料的消耗以及仓储管理水平的高低等。为有效地控制成本开支，必须明确保管费用的开支项目和范围，对于那些日常性的消耗品开支费用可以采用包干使用方法。仓储的保管费用应包括：生产性费用（如：装卸、搬运和堆码的劳务费，库场的建筑、设备的折旧和修理费，小型机具、苫垫材料等低值易耗品分摊费，燃润料、电力等能耗费）；管理性费用（如：经营管理人员的劳务费用、安全管理费用、办公费用等）；以及一些代理业务的必要开支。保管成本的计算方法为：

$$保管成本(元) = \frac{当月保管费用}{当月平均货物储存量}$$

8) 每人平均劳动生产率

即职工的平均劳动工作量。它反映了货物仓储及进出库数量与劳动力消耗的比值。仓库劳动生产率可分为保管员生产率、装卸工人劳动生产率以及全员劳动生产率。人均劳动生产率的计算方法为：

$$人均劳动生产率(\%) = \frac{保管(装卸)数量(或保管费用)}{保管(装卸)人员(或全员)数} \times 100\%$$

【做一做】

经典案例阅读

海运油库实例

一、海运油库的经营背景

海运油库是中海集团下属单位，是一个典型的国有仓储企业。油库拥有18个油罐，共8万立方米的仓容，码头泊位设计年吞吐量200多万吨。在计划经济时期，油库是集团船舶用油的油料储备地。随着油料市场的开放，集团不再拥有以往的计划油料，使油库在集团中的职能发生了变化，由原来不可缺少的、具有辅助功能的库场变为集团主业的成本“包袱”。

针对这种状况，油库对自身的市场角色重新定位，对经营流程进行重组调整，实现了油库的成本“瘦身”和利润“扩容”。2002 年，储存收入近 1 112 万元，实现利税 200 多万元，继 2001 年基本实现盈亏平衡之后，首次实现盈利。

二、海运油库的成本控制和利润增长战略

1. 整合油库的资源优势。开展节支创利的经营创新。海运油库对现有仓储、装卸以及其他的物流服务项目进行业务重组，在继续利用原有水运装卸资源优势的同时，开辟陆地装卸新业务，使油库的大量沉没成本得以利用；另外，大胆尝试出租经营的节支创利形式，除扩大原有按吨/天收费及首期收费方式外，还采取满罐出租等新的出租方式，提高库容利用率。

2. 严格控制服务质量，降低油库在经营中的契约成本。海运油库通过培养长期市场占有意识，谋求与供应商的长期合作，并在共同利益的基础上，建立起合作经营方式，如增加彼此对市场信息的相互沟通，油库通过对产品的质量和数量进行监控，尤其是油品损耗控制。供应商通过对产品的价格和供需情况进行了解，从而达到了合作双赢的效果。

3. 加强人力资源管理，挖掘降低成本的潜力。海运油库具有许多传统仓储企业的劳动密集型企业特征，人工成本在企业总成本中所占的比例较大（2001 年占总成本的 34.8%）。2002 年，海运油库对人力资源进行调整，使人工本下降为 250 万（仅占总成本的 25.6%），同时，在油库树立起全员的战略成本意识，通过长期性的设备维护，延长设备寿命，加强细化管理关系，2002 年节约可变成本 32 万。

4. 在成本控制基础上，以利润为指导进行资产的有效运作。在扩大利润的前提下，对资产运作进行指导，提供增值服务，凭借专业优势、规模经营优势和个性化服务优势，建成一体化管理系统，并向现代化的油品流通中转站发展。在设备改造上，提高油库设备的机械化、自动化程度，以提高工作效率；在资产运作上，以扩大主业利润为出发点，配置油品质量化验设备，做到对进库的油品质量指标进行监控，取得库存商的信心，吸引了新客户，增加仓储收入和装卸收入；在仓储管理上，达到优化流程、资源共享、信息透明、物畅其流，有效地节省投资和费用，以增强核心竞争力，全面提升油库形象。

三、海运油库的成本控制与利润增长解析

1. 明确市场定位，把握成本控制和利润增长方向。海运油库原是国有大型企业中的附属仓储部门，在集团企业的产业结构整中成为集团发展的成本“包袱”。海运油库认清了这一点，重新找到了自身在集团企业和市场中的定位。通过原来

国有企业所独有的优势资源，大幅度地裁减油库的高成本消耗，实施严格的成本控制。在经营过程中，跳出传统油库的服务范围限制，将企业内部仓储功能扩大到整个竞争市场中。这样，不仅控制了成本，而且寻找到了油库的利润新增长点。

2. 分析成本性态，根据成本动因实施成本控制。只有对企业的成本进行科学的性态分析，才能有效地采取成本管理和控制措施，来降低企业的经营成本。海运油库通过近两年的探索，逐渐对企业本形成了透彻的理解。在此基础上，油库针对工资成本、可控成本等进行控制，与 2001 年相比，油库的人工成本和可控成本分别大幅度下降了 37% 和 15%；另一方面，通过逐步消化油库的沉没成本，清除了油库在未来经营中的成本障碍。

3. 确定利润增长点。及时抓住创利时机实现传统仓储业向现代物流配送服务的转变，给海运油库带来了许多新的业务机会。经过业务流程的调整，油库将原有的仓储资源与配送、加热处理等新型物流服务进行整合。2002 年油库的加温处理业务收入比前一年翻倍增长。

4. 通过业务创新拓展利润增长空间。现代物流技术的发展，打破了传统仓储企业的经营界限。作为仓储企业，必须顺应物流管理技术的变革，对企业的业务流程进行重组，以寻求新的利润增长点。2002 年，海运油库进行了业务重组，将利润空间不大的储存业务削减了 10% ，而对物流配送中新增的满罐出租业务进行大幅度调整。经过调整后，企业不仅大大减少了存货管理的成本负担，而且有效地利用了现有仓储设备资源，提升了油库的整体利润质量。

四、对仓储企业成本控制和利润增长的启示

仓储企业只有适应市场经济环境和规划物流产业的发展变化，建立起自己的运作体系，实施科学有效的竞争策略来降低企业的经营成本和经营风险，才能不被市场和行业竞争所淘汰。

案例思考题：

你认为仓储企业可以从几个方面控制企业成本，拓展利润增长空间？

【任务回顾】

仓储经济分析主要从仓储企业角度对仓储经济活动进行了分析。首先应分析仓储费用和仓储收入的构成，然后给出了仓储活动主要经济指标的分析，通过上述两个问题的解决给出同学们一个仓储企业经济活动分析的初步认识。

【名词速查】

1. 仓储费用

仓储费用是指货物在仓储保管过程中的各种支出，是货物在仓储保管过程中

所付出的人力、物力和财力的总和，包括用于仓储的设施、设备投资和维护费用，用于仓储作业所消耗的人力和物力消耗，货物本身的自然损耗，等等。

2. 仓储活动经济核算

仓储活动的经济核算是对仓储经营活动的物化劳动消耗与经营成果进行核算。通过核算和对比分析，力求以较少的经营开支，取得较大的经济效益。

【任务检测】

一、单选题

1. 在仓储费用中，不同的设施设备的年折旧率不同。物流设备的折旧年限为(　　)。

A. 4～5 年　　B. 20～30 年　　C. 5～20 年　　D. 30 年以上

2. 为存储货物所开支的货物养护、保管等费用属于(　　)。

A. 保险费　　B. 保管费　　C. 存储费　　D. 折旧费

3. 下列不属于主要仓储收入的选项是(　　)。

A. 装卸、存储收入　　B. 加工、辅助作业收入

C. 租金　　D. 广告费用

二、多选题

1. 仓储经济核算的意义为(　　)。

A. 有利于提高仓储经济经营管理水平和经济效益

B. 有利于加速仓储企业的现代化建设

C. 有利于节省物流成本

D. 有利于提高职工节约意识

2. 经济核算的主要内容为(　　)。

A. 仓储经营成果的核算　　B. 仓储劳动消耗的核算

C. 资金的核算　　D. 盈利核算

3. 货物仓储费率由哪 3 部分组成构成(　　)。

A. 存储费率　　B. 进出库装卸搬运费

C. 其他劳务费　　D. 保险费用

三、判断题

1. 仓储费用是货物在仓储保管过程中所付出的人力、物力和财力的总和。(　　)

2. 仓储活动的经济核算是对仓储经营活动的物化劳动消耗与经营成果进行核算。(　　)

3. 货物保管损失主要指那些易挥发、失重或破碎的货物的自然损耗。(　　)

四、思考题

1. 仓储的收入和费用分别由哪几部分构成?

2. 仓储活动经济核算的内容有哪些?

3. 仓储活动常用经济核算指标有哪些?

参考答案

一、单选题

1. C　　2. B　　3. D

二、多选题

1. AB　　2. ABCD　　3. ABC

三、判断题

1. √　　2. √　　3. ×

四、思考题

1. 仓储的收入和费用分别由哪几部分构成?

仓储费用一般由以下几部分构成:折旧费、保管费、修理费、人力成本、电力燃料润料费、仓储损失等。

仓储收入主要分为装卸收入、存储收入、加工收入、辅助作业费、租金等。

2. 仓储活动经济核算的内容有哪些?

①仓储经营成果的核算;

②仓储劳动消耗的核算;

③资金的核算;

④盈利核算。

3. 仓储活动常用经济核算指标有哪些?

①仓库单位面积货物量;

②账货相符率;

③收、发货差错率;

④货物保管损失;

⑤货物自然损耗率;

⑥平均收发货时间;

⑦成本指标;

⑧每人平均劳动生产率。

任务 7
牢记仓储安全管理

教学要求

1. 描述治安保卫管理的重要性；

2. 了解治安保卫管理的组织和制度；

3. 陈述消防设备的使用；

4. 能够采用正确的消防措施；

5. 了解我国劳动保护制度的现状；

6. 加深对库区安全管理的认识。

学时建议

知识性学习 4 课时；

案例学习讨论 2 课时；

实训 2 课时。

【导学语】

【学一学】

7.1 治安保卫管理

7.1.1 治安保卫管理的重要性和内容

1)治安保卫管理的重要性

仓库安全是仓储环节中其他工作的前提和基础。安全对于仓库来讲来说具有重要的意义,治安保卫管理工作是仓库安全工作的具体实施,是仓储安全计划的具体执行,其在仓储中所处的地位极其重要,具体体现在以下几个方面:

(1)治安保卫管理工作是仓储安全的前提和基础

仓库本身最基本的作用就是存储货物,保证货物在存储期间的质量不因外界因素的影响而发生改变。但是如果没有治安保卫管理工作的支持,其保证货物质量的作用只能作为一纸空谈。没有良好的防火、防水、防尘、防盗等措施,货物安全将无法得到保证。所以说,治安保卫管理工作是仓储安全的前提和基础。

(2)治安保卫管理工作是企业财产安全的保证

仓库是商品重要的集散地,也是储藏和保管商品的场所,其价值和使用价值均很高,一旦发生火灾或爆炸等严重事故,不仅仓库和设施可能被毁坏,而且仓库中的商品也将被毁坏,给企业和库方带来巨大的经济损失。因此,做好治安保卫管理工作可以避免重大事故的发生,使企业的财产安全得到保证。

(3)治安保卫管理工作是仓库管理人员的安全保证

仓库集中存储着大量的不同物资和商品。这些物资属性各不相同,特别是化工原料、农药、化肥、医药用品等，它们具有不同程度的爆炸、易燃、毒害、腐蚀等危险特性。在存储过程中，当受到较剧烈的振动、撞击或接触火源、热源、雨淋水浸等变化的影响，就会引起爆炸、燃烧等事故，造成人身伤亡和财产损失。没有完善的治安保卫管理工作作为前提，很容易因工作人员操作失误或检查疏忽而造成恶性事件的发生，造成不可挽回的损失。因此，从某种意义上讲，治安保卫管理工作使仓库管理人员的安全得到了有效的保护。

2）治安保卫管理工作的主要内容

治安保卫管理是指仓库为了防范和制止恶意侵权行为，意外事故对仓库及仓库财产的侵害和破坏，维护仓储环境的稳定，保证仓储生产经营的顺利开展所进行的管理工作。

仓库的安全管理需要一套健全的治安保卫管理工作作为软件支持，而且应始终贯穿于整个仓库管理的全过程，并认真执行，全力抓好，从商品入库验收、堆垛、到商品保管、养护，直至商品出库交接，都要做好相应的安全保卫工作。仓库治安保卫管理工作的内容主要可以归纳为以下 4 个方面：

①执行国家治安保卫规章制度，制订仓库治安保卫计划，组织仓库的警卫和保卫工作，主要负责仓库的治安、保卫、警卫工作。

②仓库的消防工作，主要承担仓库的防火、灭火工作。

③仓库的排水防洪、防台防汛工作。

④仓库的作业安全管理，主要包括仓储物流员在商品进出库及存储、保管作业过程中的安全技术操作工作。

7.1.2 仓库治安保卫管理组织

仓库的法定代表人或主要负责人为仓库的治安保卫责任人和领导人，由其领导建立起仓库治安保卫的完整组织。高层领导负责整个仓库的治安保卫管理工作；各部门、机构的领导对本部门的治安保卫工作负责；治安保卫的职能机构协助领导进行治安保卫管理工作，指导各部门的治安保卫管理，领导治安保卫执行机构。

仓库治安保卫执行机构采取专职保卫机构和兼职安全员相结合的组织方式，主要是协助部门领导的管理工作、督促部门执行仓库治安保卫管理的制度，组织治安保卫教育学习、检查预防工作。

专职保卫机构根据仓库规模的大小、人员的多少、任务的繁重程度、仓库所在地的社会环境确定机构设置、人员配备。一般设置保卫科、保卫队、门卫队等。治安保卫的兼职制度是治安保卫群众管理制度的体现。兼职安全员主要承担所在部门和组织的治安保卫工作。

仓储的治安保卫是一项长期工作，需要采取制度化的措施来管理。通过规章制度明确岗位责任和行为规范，防患于未然，确保及时、有效的保卫反应。

7.1.3 治安保卫管理制度

仓库治安保卫的规章制度应依据国家的法律、法规并结合仓库治安保卫的实际需要，以实现仓储安全、保障仓储生产为目的科学地制定。其表现形式是多样化的，既有独立的规章制度，如安全防火责任制度，安全设施设备保管使用制度，门卫值班制度，车辆、人员进出仓库管理制度，保卫人员值班巡查制度等；也有合并在其他制度之中的，如仓库管理员职责、办公室管理制度、车间管理制度、设备管理制度等规定的治安保卫事项。

1）仓储治安防范责任制

根据单位治安工作的需要，各级部门和人员都应建立治安防范责任制，并进行相应的考核。各级治安防范责任制的内容大致包括以下几个方面：治安工作范围、职责任务、工作标准、规范要求、工作程序、考核办法、奖惩规定等。

治安防范责任制中必须建立保安管理制度、保安员工作守则等，并在适当的地方予以公布。这些制度的目的是使保安员明确职责，并把工作做好。所有的保卫人员必须接受背景调查，适当时还应有担保措施。被合格录用的人员要按计划接受培训、教育和训练，并进行定期评价，对于表现欠佳的人员应规定妥善的处理方法。对于遵纪守法、工作积极、成绩显著的保卫组织和人员要给予一定的表彰和奖励；对于工作消极、渎职失职的部门和人员要给予一定的批评教育和处罚；对于偷盗扒窃、打架斗殴、扰乱治安等违法乱纪行为，要给予行政处理，直至报送公安部门立案处理。

2）仓储治安检查制度

对仓储工作进行治安检查，及时发现安全隐患并采取有效措施予以消除是保证仓储安全的重要措施。仓库的治安检查一般有以下几种：

（1）经常性检查

①库区巡察。专职保安员经常不定时、不定线地巡查是有效的治安检查手段。通常两名保安员为一个巡察组，携带保安器械和强力手电筒、巡视整个库场的安全保卫工作。检查各部门有无异常现象，关闭确实无人的办公室和仓库的门窗、电源，制止消防器材挪作他用，查问可疑人员及停留在仓库内过夜的车辆是否符合规

定等。

②岗位自查。仓库保管人员要在每天上班前和下班后,对自己的责任区进行检查;保管组长每周要带领有关人员对主管区进行两次全面检查;仓库主管每周要对仓库进行一次全面检查,及时发现问题,解决问题。

(2)临时性抽查

抽查是指上级主管部门或外部公安部门、消防部门、街道联防部门对企业的检查,主要目的是促进仓库治安保卫制度的完善与落实。互查是企业内各仓库之间的检查,也可以是主管部门组织的企业间的交换检查。互查可以交流经验,取长补短,以便共同提高管理水平。

(3)季节性检查

仓储企业应根据所处的自然地理环境,针对季节性的变化,进行不同内容的季节检查,不同的季节应有所侧重。例如,夏季多潮湿、阴雨,检查要侧重于防虫防霉;冬季注意防火检查等。

(4)节日检查

节日期间商品供应量往往大大增加、仓库商品出入库频率很高,工作头绪多,出错几率增加,所以,此时尤其要做好仓储的安全工作。

无论哪种形式的检查,都要做好详细记录,一旦发现不符合治安保卫制度要求的情况,就要采取相应的措施处理或者通知相应部门、责任人限期整改,并要注意整改措施的落实情况。

7.2 消　防

7.2.1 消防组织设置

库区的消防组织应在遵守国家有关规定的前提下,根据库场的规模、存储货物的数量、性质以及周围环境、气候等因素来确定。各地区由于以上因素的影响对消防组织的设置有所差异,但一般应设置以下必要的组织:

1)防火安全领导机构

该机构的主要任务是执行有关消防法规及上级领导的指示,按分级管理的原则制定本库区内有关消防安全制度和相应规程,划分责任,明确各自职责,向职工普及防火安全知识,及时消除火灾隐患。

2)专职消防队伍

根据库场规模大小、货物性质、货物数量等因素来确定专职消防人员的配备。大型仓库应建立专职的消防队伍。专职消防队伍的职责是:在安全领导机构的指导下,负责向职工宣传防火安全知识,检查防火安全情况,严格控制火源,积极消除隐患,有计划地进行消防演习,以提高消防技能。专职消防人员不得擅自离开岗位。

3)职工义务消防队伍

由本企业职工组成,在安全领导机构的领导下,辅助专职消防人员进行工作。参与消防的职工应对本企业情况比较熟悉,并具备必要的消防知识。

7.2.2 消防设备及其使用

1)消防设备

用于库区消防安全的设备主要有:

(1)给水、蓄水、抽水设备

水是扑灭一般货物或建筑物火灾的必备材料。当库区内无自来水设备,且水源又远离库场的情况下,仓储企业应修建蓄水池,以备消防使用。有自来水设备的库区,应根据库场的大小配置消防栓,其设置间距应保证在任何点上都能够提供两个消防水管参与灭火。

(2)消防设备和器材

在仓库区域内应布置消防设备和器材。消防设备主要包括:水塔、水泵、水池、消防供水管道、消防栓、消防车、消防泵等。消防器材主要包括:各类灭火器、砂箱、水桶、消防斧、钩、铣等。消防器材应根据分散配置与集中安放相结合的原则配备,特别是在各库门处安放。外部消防栓应沿道路设置,要靠近十字路口,两个消防栓之间距离不超过 100 米,距房屋墙壁不少于 5 米,距道路不超过 2 米。没有消防水道的仓库,一般应配置蓄水池和与建筑高度相应的水泵和喷水车。

2)消防设备的使用

消防设备应采用正确的使用方法,由不同原因引起的火灾应采用不同的灭火方法。

(1)常用灭火器

①干粉灭火器。用料主要为干粉和二氧化碳。类型主要包括手提式和推车式。手提式灭火器的使用方法是:灭火时先拔去保险销,一只手握住喷嘴,对准火苗根部;另一只手提起提把,拉起拉环或压下压把即可喷射。如图 7.1 所示。

②1211 灭火器。手提式的 1211 灭火器在使用时应先拔掉安全销,握紧压把即可灭火。灭火时,要保持直立,不可水平或颠倒使用。推车式的 1211 灭火器在使用时应先取下手握开关,展开胶管,拉出伸缩拉杆。按逆时针方向旋转手轮即可打开钢瓶阀门。对准火源,握紧握手开关上的压把即可灭火。如图 7.2 所示。

图 7.1　干粉灭火器

图 7.2　1211 灭火器

③二氧化碳灭火器。手提式的二氧化碳灭火器在使用时用右手拔去保险销,并下压压把即可灭火。手轮式的二氧化碳灭火器要先去掉铅封,按逆时针方向旋转手轮即可灭火。如图 7.3 所示。

图 7.3　二氧化碳灭火器

④泡沫灭火器。手提拉环或拉出保险销,在距火源6~8米,将筒体颠倒,让泡沫喷出时对准燃烧物。如果是推车式的灭火器应先按逆时针方向转动手轮,将螺杆升到最高位置,使瓶盖完全开启,然后将筒体颠倒,使拉杆触地。手持喷筒,对准火源,扳开阀门,喷射推进。如图7.4所示。

图7.4　泡沫灭火器

图7.5　消防栓

(2)消防栓的使用

取出并展开消防水带,一个接头接上消防栓,另一个接头接上喷枪,打开消防栓开关供水;同时,手紧握喷枪,对准火焰根部喷射推进。每次用完之后要用清水洗净或晾干。如图7.5所示。

7.2.3　消防措施

仓库消防安全必须贯彻"预防为主,防消结合"的方针,实行"谁主管谁负责"的原则。为此,仓储企业应在平时注意采取有效措施以防止火灾发生。平时防患措施有力,即使在发生火灾时,也能及时将其扑灭,使损失减少到最低程度。为做到防患于未然,抓好防火安全措施是非常必要的。防火安全的基本措施可概括成以下几点:

①必须进行经常性的防火安全教育,普及防火、灭火知识,提高员工的防火意识。

②库场建筑应严格按照《建筑设计防火规范》的要求,不得违章、随意改变建筑结构或使用性质,不得在防火安全间距内堆放易燃物品,要保护消防安全设施和设备,保证消防通道的畅通。

③电器设备安装应符合规范要求,不得在电器设备附近放置易燃物品,工作结束应及时关闭电源,不许超负荷使用电器,对避雷、防静电装置要定期检查。

④库区内严禁烟火,对危险品的储存应设置专门仓库,并与其他库区隔离。

⑤对于仓储企业内的火源应有相应的防火安全措施，这些措施须经消防安全部门检查批准。

⑥仓储企业应按消防规程要求备有相当种类和数量的消防设备和器材，并放置在明显的、便于使用的位置，定期进行消防设备、器材的维修和保养。

⑦发生火灾和火警时，应及时向当地公安消防部门报警，并认真调查事故原因，查处责任者。

7.3 安全生产

7.3.1 树立安全生产意识

仓储企业的生产安全是指在生产过程中对员工和外来人员的人身安全，货物在搬运装卸储存中的质量以及仓储企业自己或外来的设施设备完好所提供的应有保障。为了使企业能在参与激烈的市场竞争的同时，保持清醒的头脑，注意企业生产中的安全工作非常重要，为此，应该做好以下工作。

1)强化安全意识

经常性地进行安全生产方面的教育，使职工从思想上重视安全作业。同时，提高仓储设备的技术水平，减少人工直接装卸和搬运，更多地采用机械设备和自动控制装置，这也是提高生产安全的最主动的方法。例如，现代自动化立体仓库的使用，就使作业的安全性大大提高。

2)提高操作技能

职工的技术水平的提高，可以有效地降低事故的发生。因此，对作业工人进行岗位培训和定期技能考核的方法既能提高企业的生产效率，也能提高劳动的安全性。

3)认真执行安全规程

仓储企业生产的安全操作规程是经过实践检验的能有效减少事故发生的规范化的生产操作方法。因此，在生产中应予以严格执行，并对不按照安全操作规程进行的行为严肃查处。

7.3.2 劳动保障制度

劳动保护是为了改善劳动条件、提高生产的安全性、保护劳动者的身心健康、减轻劳动强度所采取的相应措施和有关规定。劳动保护制度则是为达到劳动保护的目的所制定的一套有效的规定。

劳动保护制度应包含以下内容。

1)职工劳动保护的意识

这包括劳动者在生产中自我保护的意识和生产组织者对劳动者身心安全提供保护的意识。只有建立劳动安全的意识,才能重视安全措施,并注意按安全操作规程组织生产。

2)劳动保护的组织机构的设立

这是为了在组织上保证劳动保护工作的落实。劳动保护组织应采取专业管理与群众自我管理相结合的方法。

3)劳动保护的规章

这是保证劳动安全措施的稳定性和公平性,并使劳动保护纳入企业管理的法制轨道;有关规章的制定也有利于进行劳动保护的宣传和教育,使职工树立起自我保护的意识。

4)劳动保护措施计划的制订和总结

定期进行有关劳动保护措施计划的制订有利于不断改进劳动保护,而总结和交流劳动保护工作的经验,则能提高全体职工的劳动保护意识,改进劳动保护的措施。

7.3.3 库区安全管理

我们把库区的安全管理划分成几个环节,即仓储技术区、库房、货物保管、货物收发、货物装卸与搬运、货物运输、技术检查、修理和废弃货物的处理等。这里,我们将重点讨论以下几个环节的安全管理。

1)仓储技术区的安全管理

仓储技术区是库区重地,应严格进行安全管理。技术区周围设置高度大于2米的围墙,上置钢丝网;高1.7米以上,应设置电网或其他屏障。技术区内的道路、桥梁和隧道等通道应畅通平整。

技术区出入口应设置日夜值班的门卫,对进出人员和车辆进行检查和登记,严禁易燃易爆物品和火源带入。技术区内严禁危及货物安全的活动(如吸烟、鸣枪、烧荒、爆破等),未经上级部门的批准,不准在技术区内进行参观、摄影、录像或测绘。

2)库房的安全管理

经常检查库房结构情况,对于地面裂缝、地基沉降、结构损坏,以及周围山体滑坡、塌方,或防水防潮层和排水沟堵塞等情况应及时维修和排除。

库房钥匙应集中存放在技术区门卫值班处,实行管理处、门卫值班和保管员三方控制。保管员领取钥匙要办理手续,下班后即交回注销。对于存放易燃易爆及贵重货物的库房要严格执行两人分别掌管钥匙和两人同时进库的规定。有条件的库房,应安装安全监控装置,并认真使用和管理。

3)货物装卸与搬运中的安全管理

仓库机械应实行专人专机,建立岗位责任制,防止丢失和损坏,操作人员应做到"会操作、会保养、会检查、会排除一般故障"。

根据货物的尺寸、重量和形状来选用合理的装卸、搬运设备,严禁超高、超宽、超重、超速以及其他不规范操作。不能在库房内检修机械设备。在狭小通道、出入库房或接近货物时应减速鸣号。

小贴士

库场技术的安全管理

库场技术的安全管理主要是针对下列环节所应采取的有关措施。

①防雷。仓储企业应在每年雷雨季节来临之前对防雷措施进行全面检查。主要应检查的方面有:建筑物维修或改造后是否改变了防雷装置的保护情况;有无因挖土方、铺设管线或种植树木而挖断接地装置;接闪器有无因接受雷击而熔化或折断;避雷器瓷套有无裂缝、碰伤、污染、烧伤等;引下线距地 2 米一段的绝缘保护处理有无破坏;支持物是否牢固,有无歪斜、松动;木结构接闪器支柱或支架有无腐蚀;接地装置周围土壤有无沉陷;经常测量全部接地装置的流散电流。

②防静电。爆炸物和油品应采取防静电措施。静电的安全应有懂有关技术的专人管理,并配备必要的检测仪器,发现问题可及时采取措施。所有防静电设施都应保持干净,防止化学腐蚀、油垢沾污和机械碰撞损坏。每年应对防静电设施进行 1~2 次的全面检查,测试应当在干燥的气候条件下进行。

③电气。按火灾和爆炸危险场所分级确定对电气设备和线路的管理。库房及

其他场所应在工作结束后切断电源。电气设备除经常性检查外，每年至少应当进行两次绝缘检查，发现问题及时修理。要防止配电线路短路、过载等情况的发生，禁止使用不合格的保险装置，禁止私接电器，凡有爆炸品的仓库不准使用碘钨灯和日光灯。吸湿机在开机时，机身应离堆垛1米以上，排风口不得朝向堆垛，并应有专人看守，做到人走机停。

④防汛。洪水和雨水虽然是一种自然现象，但时常会对货物的安全仓储带来不利影响，所以应认真做好库场防汛工作。在仓储企业的防汛工作中应注意建立企业内的防汛组织，积极防范，日常应经常性的进行防汛教育，汛期则应加强值班，职工轮流守库，领导坐阵一线，统一指挥，组织抢救。并及时了解汛情的变北，以减少防汛措施的盲目性。对陈旧的库场应注意改造排水设施，提高货位，新建库场应考虑历年汛情的影响，使库场设施能抵御雨汛的影响。汛期前应注意储备防汛物资，如水泵、草袋、土石等，避免临时措手不及。

【做一做】

一、经典案例阅读

深圳安贸危险品储运公司清水河仓库火灾事故纪实

1. 基本情况

深圳市安贸危险品储运公司(以下简称安贸公司)，是中国对外贸易开发集团公司所属的中贸集团储运公司与深圳市危险品公司的联营单位，位于罗湖区清水河，与市区一山之隔，距国贸大厦直线距离仅4 000米。清水河库区共有10栋仓库。主要贮存硝酸铵、碳酸钡、高锰酸钾、过硫酸钠、漂白粉、染料、甲苯、乙酯、二甲苯、硫酸钠、火柴、打火机、双氧水等危险品。

2. 起火经过和扑救情况

1993年8月5日13时，清水河4号仓库突然发生大火。库内的工人发现火情后奋力扑救。13时15分，一名保安员疯跑到笋岗消防中队报警。笋岗消防中队立即出动3辆消防车、10余名干部赶赴现场。刚到清水河路口时，4号库发生了爆炸。很快，市区上步、罗湖、田贝、福田4个消防中队的14辆消防车赶到现场。又急令沙头角、南头、宝安、蛇口等6个公安消防队与专职消防队的13辆消防车前去增援。紧接着又调宝安、龙岗两区各镇村和机场的42个专职消防队参战。临时火场指挥部命令兵分三路,一路抢救第一次爆炸死伤的人员;一路重点消灭爆炸起火的4号仓库,阻击向双氧水库蔓延的火势;一部分力量用水冷却液化石油气库、汽油柴油库。14时25分,6号库发生了爆炸。由于各种化学危险品混存,遇水熄灭的物质和遇水加剧燃烧的物质混在一起,灭火的效果不大,火势越来越猛,导致连续爆炸,爆炸又使火灾迅速蔓延。广东省公安消防部队请示广东省委调派了广州、珠海、佛山、惠州、东莞等10个市的消防支队的80多辆消防车前来增援。在火场灭火指挥部统一部署下,采取了"先控制,后消灭","救人重于灭火"的战术,于19时50分将大火控制。在这过程中,共发生2次大爆炸和7次小爆炸,有18处起火燃烧。经数千名解放军指战员、武警官兵、公安民警、消防民警16个小时的艰苦奋战,于6日7时30分将大火基本扑灭,于8日22时彻底扑灭残火。

3. 火灾损失

死亡18人,重伤136人,烧毁、炸毁建筑物面积39 000平方米和大量化学物品,直接经济损失2.5亿元。

4. 火灾原因

火灾是由于安贸公司危险品4号仓库内的硫化钠、硝酸铵、高锰酸钾、过硫酸铵等化学危险晶混储,引起化学反应造成的。

5. 主要教训

①违反消防法规,丙类物品仓库当甲类物品仓库使用。1987年5月30日,中贸发储运公司持北京有色冶金设计研究院设计的图纸,以丙类杂品干货仓库使用性质向深圳市消防支队报请建筑防火审核。根据当时的规划,主要安排一些影响市容和有污染的项目,仓库初期主要存放丙类货物,有散装水泥库、煤场、木材场、其他丙类干货。1989年该仓库部分库房改储危险品,1号仓库租给中芙石油化工有限公司作为双氧水厂。1990年9月中贸发储运公司与深圳市爆炸危险晶服务中心联合成立深圳市安贸危险晶储运公司,该库区10栋仓房,安贸公司将2~8号仓用于储存化学危险物品,清水河仓库则成为深圳市最大的化学危险品储存中心。改变使用性质后,该仓库违反了消防规范要求:一是仓库位置处于市区,危及城市安全,违反《建筑设计防火规范》、《化学危险安全管理条例》、《仓库防火安全管理规则》等,仓库周围有居民区,相距100多米处有深圳四家公司的液化气库和油库,这种环境显然不符合规范要求。二是该仓库改储甲、乙类物品后,库区建筑防火间距不符合规范要求。更有甚者,安贸公司在防火间距中私自搭建了3号仓和6号仓,使单体仓变成了连体仓,成为违章建筑。三是消防设施达不到要求。该仓库改为危险品仓库后,没有改善消防供水设施,消防储水池没水,消火栓也不出水,又没配置必要的灭火器材。8月5日发生火灾后,无法扑救初期火灾,使火势蔓延导致爆炸。

②消防安全管理工作不落实。第一，防火安全干部消防安全素质差，对仓库违章现象没能及时发现、及时纠正，自防能力弱，使消防安全失控。第二，化学危险晶进库没有进行安全检查和技术监督，账目不清。发生火灾爆炸的第三天，安贸公司靠各仓管员回忆，才列出部分物品清单，还有大量化学危险晶列不出清单。由于安全制度不健全，化危品乱放、混储的现象就不可避免，易燃、易爆、腐蚀、有毒的化学危险品同库堆放，毗邻储存。如该仓库发生第一次爆炸的4号仓库内有过硫酸铵（一级氧化剂）40吨，硫化钠（一级碱性腐蚀晶）60吨，高锰酸钾（一级氧化剂）10吨、碳酸钡（一级有机毒害晶）60吨、火柴3 000箱、多孔硝酸铵65吨等；发生第二次大爆炸的6号仓库内有硫化钠60吨、硫磺15.7吨、甲苯4吨、乙酯60吨、碳酸钡60吨、多孔硝酸铵48吨、保险粉2吨、甲酸甲酯4吨、磷酸60吨、亚硝酸钠60吨、酒精土2吨、氢氧化钾40吨。如此严重违反安全规章，将不能混储的化危品混放在一起，发生事故在所难免。第三，该仓库搬运工和部分仓管员是外来临时工，上岗前没经过必要的培训，文化素质较差，不懂各类化学危险品性质，平时不能做好消防安全工作，发生火灾后又不能采取有效措施控制火势，使小火酿成大灾。第四，没有消防应急预案，发生火灾后，不但没有自救能力，而且不能积极配合消防队展开灭火战斗，致使公安和消防人员在灭火战斗中付出惨痛代价。

③拒绝消防监督部门提出的整改意见，对隐患久拖不改。1989年9月，深圳市消防支队2次检查该仓库时，发现6号仓库有甲、乙类物品，发出书面意见书要求整改。1990年4月30日，深圳市消防支队对该仓库建筑进行验收，只有1～5号库房合格发了合格证，6号库房甲类物品没颁证，但该公司照常使用。1991年2月13日消防支队到该仓库防火检查，发现该仓库储存大量甲、乙类物品，要求搬迁，安贸公司负责人以种种借口顶住不搬。

1999年3月21日消防支队对该仓库进行检查后又发出《火险隐患整改通知书》，提出9条整改意见，要求在4月10日前整改完毕，但安贸公司置若罔闻没有进行整改。对安贸公司多次对消防监督部门意见置之不理的行为，有关部门对安贸公司不作任何处理，而且消防执法还受到行政干预。

④消防基础设施、技术装备与扑救特大火灾不适应。深圳市是缺水的城市，清水河地区更是缺水区，安贸公司仓库区虽然有消火栓，但压力达不到国家消防技术标准规定。发生火灾后，靠消防车运水灭火，远水救不了近火。消防队伍的装备也较落后，缺少隔热服和防毒面具。有些消防车已接近或到了退役年限，机件已老化，在灭火中常出故障。编制警力也严重不足。

案例思考题

谈谈你对深圳安贸危险品储运公司清水河仓库火灾事故纪实学习后的感想。

二、实训活动

◎ 内容

常见灭火器的使用

◎ 目的

让学生初步学会干粉灭火器、二氧化碳灭火器,1211 灭火器,泡沫灭火器的使用,以及消防栓的操作方法。

◎ 人员

1. 实训指导:任课老师

2. 实训编组:学生按 8 ~ 10 人分成若干组,每组选组长及记录员各一人。

◎ 时间

1 ~ 2 天

◎ 步骤

1. 由教师在校内组织安全教育。
2. 与实训企业相关部门取得联系,并组织学生集体去该企业参观。
3. 邀请物流企业中仓储人员讲解消防知识以及消防设备的使用。
4. 分组记录相关资料,并进行实物演练。
5. 总结实训内容并写出自己的体会。

◎ 要求

利用业余时间,根据具体情况选择有一定代表性的物流企业,了解其物流安全管理的内容。通过参观和动手操作,了解消防的重要性并掌握基本灭火方法和灭火器的使用。

◎ 认识

作为仓储管理员,应熟悉掌握安全管理知识,对我们以后在工作过程中处理紧急事件和日常管理工作有极大的帮助。

【任务回顾】

通过对仓储安全管理的学习,使我们初步掌握了治安保卫管理的重要性和内容。通过对物流企业的实训体验,了解了治安保卫管理组织的结构和管理制度以及消防、安全生产的相关知识,深感安全管理工作对企业的重要性。

【名词速查】

1. 生产安全

生产安全是指在生产过程中对员工和外来人员的人身安全、货物在搬运装卸储存中的质量以及仓储企业自己或外来的设施设备完好所提供的应有保障。

2. 劳动保护

劳动保护是为了改善劳动条件、提高生产的安全性、保护劳动者的身心健康、减轻劳动强度所采取的相应措施和有关规定。

【任务检测】

一、单选题

1. (　　)是指在生产过程中对员工和外来人员的人身安全、货物在搬运装卸储存中的质量以及仓储企业自己或外来的设施设备完好所提供的应有保障。

A. 劳动保障　B. 治安保卫　C. 安全生产　D. 消防

2. 下列不属于仓库治安检查的内容是(　　)。

A. 经常性检查　B. 临时性检查　C. 季节性检查　D. 年度性检查

3. 保卫科是属于下列哪个机构的基本组织(　　)。

A. 企业法人　B. 治安保卫执行机构

C. 专职保卫机构　D. 外部客户

4. (　　)是为了改善劳动条件、提高生产的安全性、保护劳动者的身心健康、减轻劳动强度所采取的相应措施和有关规定。

A. 安全生产　B. 劳动保护　C. 安全管理　D. 仓储治安

5. 石油和爆炸物在存储期间主要防止下列哪种情况发生(　　)。

A. 水浸　B. 静电　C. 灰尘　D. 阳光直射

二、多选题

1. 治安保卫管理的重要性主要体现在哪几个方面?(　　)。

A. 治安保卫管理工作是企业财产安全的保证

B. 治安保卫管理工作是仓库管理人员的安全保证

C. 治安保卫管理工作是物流设备运转正常的保证

D. 治安保卫管理工作是仓储安全的前提和基础

2. 下列选项中属于专职消防队伍职责的内容是(　　)。

A. 制定有关章程　　B. 宣传防火安全知识
C. 检查防火安全情况　　D. 消防演习

3. 树立良好的安全生产意识要做好哪些工作(　　)。
A. 强化安全意识　　B. 提高操作技能
C. 强化管理职能　　D. 认真执行安全规程

4. 在货物装卸与搬运的安全管理中操作人员应做到(　　)。
A. 会操作　　B. 会保养
C. 会检查　　D. 会排出一般故障

5. 劳动保护制度的主要内容有(　　)。
A. 职工劳动保护的意识
B. 劳动保护的组织机构的设立
C. 劳动保护的规章
D. 劳动保护措施计划的制订和总结

三、判断题

1. 仓库保管人员仅在下班后对自己的责任区进行检查。(　　)

2. 根据库场规模大小、货物性质、货物数量等因素来确定专职消防人员的配备。(　　)

3. 库场建筑应严格满足《房屋质量规范》的要求。(　　)

4. 技术区出入口应设置日夜值班的门卫,对进出人员和车辆进行检查和登记,严禁易燃易爆物品和火源带入。(　　)

5. 仓库消防安全必须贯彻“预防为主,防消结合”的方针,实行“我主管领导负责”的原则。(　　)

四、思考题

1. 治安保卫管理的重要性和内容是什么?
2. 劳动保障制度包含哪些内容?
3. 如何做好防火安全措施?

参考答案

一、单项选择题

1. C　　2. D　　3. C　　4. B　　5. B

二、多项选择题

1. ABD　　2. BCD　　3. ABD　　4. ABD　　5. ABCD

三、判断题

1. × 2. √ 3. × 4. √ 5. ×

四、思考题

1. 治安保卫管理的重要性和内容是什么?

重要性:

①治安保卫管理工作是仓储安全的前提和基础;

②治安保卫管理工作是企业财产安全的保证;

③治安保卫管理工作是仓库管理人员的安全保证。

内容:

①执行国家治安保卫规章制度,制订仓库治安保卫计划,组织仓库的警卫和保卫工作,主要负责仓库的治安、保卫、警卫工作;

②仓库的消防工作,主要承担仓库的防火、灭火工作;

③仓库的排水防洪、防台防汛工作;

④仓库的作业安全管理,主要包括仓储物流员在商品进出库及存储、保管作业过程中的安全技术操作工作。

2. 劳动保障制度主要包含哪些内容?

①职工劳动保护的意识;

②劳动保护的组织机构的设立;

③劳动保护的规章;

④劳动保护措施计划的制订和总结。

3. 如何做好防火安全措施?

①必须进行经常性的防火安全教育,普及防火、灭火知识,提高员工的防火意识。

②库场建筑应严格满足《建筑设计防火规范》的要求,不得违章、随意改变建筑结构或使用性质,不得在防火安全间距内堆放易燃物品,要保护消防安全设施和设备,保证消防通道的畅通。

③电器设备安装应符合规范要求,不得在电器设备附近放置易燃物品,工作结束应及时关闭电源,不许超负荷使用电器,对避雷、防静电装置要定期检查。

④库区内严禁烟火,对危险品的储存应设置专门仓库,并与其他库区隔离。

⑤对于仓储企业内的火源应有相应的防火安全措施,这些措施须经消防安全部门检查批准。

⑥仓储企业应按消防规程要求备有相当种类和数量的消防设备和器材,并放置在明显的、便于使用的位置,定期进行消防设备、器材的维修和保养。

⑦发生火灾和火警时,应及时向当地公安消防部门报警,并认真调查事故原因,查处责任者。

任务 8
了解仓储保税制度(选学)

教学要求

1. 了解保税制度的发展、常见的表现形式；
2. 清楚保税仓库的含义、类型及作业程序；
3. 描述保税区的作用；
4. 陈述保税区的含义及特点；
5. 清楚保税仓库建立的条件；
6. 描述物流客户服务的作用。

学时建议

知识性学习 4 课时；

案例学习讨论 2 课时；

实训 2 课时。

【导学语】

你知道什么是保税仓库吗？保税仓库在我国仓储发展中有什么样的作用呢？

【学一学】

8.1　保税仓库的概述

8.1.1　保税制度简介

1)保税制度的出现

保税制度是允许对特定的进口货物在入关进境后确定内销或复出口的最终去向前暂缓征缴关税和其他国内税，由海关监管的一种海关制度。即进口货物可以缓缴进口关税和其他国内税，在海关监管下于指定或许可的场所、区域进行储存、中转、加工或制造，是否征收关税视货物最终进口内销或复运出口而定。

保税制度是随着商品经济和国际贸易的发展而产生和发展的。19 世纪中后期，一些发达的资本主义国家为发展本国对外贸易，鼓励出口，对生产出口产品的工厂和企业所进口的原材料实行了保税制度。随着殖民侵略的扩张，保税制度被引入殖民地国家，在一定程度上促进了殖民地经济的发展。20 世纪，世界各国为促进和鼓励本国对外贸易，特别是出口贸易的发展竞相建立保税制度，其范围也从单纯加工生产的保税扩大到包括商业性质的保税(如转口贸易货物的保税)和进口寄售商品的保税等。在中国，保税制度是随着 19 世纪资本主义国家对中国的殖民扩张和经济侵略而发展起来的。1882 年，为方便和扩大外国商人对华出口贸易，当时的中国海关总税务司司长、英国人 R. 赫德在上海筹建保税制度。1888 年，第一批保税仓库在上海建立，这是中国保税制度的开始。当时主要是对进口货物的加工包装等进行保税，随后逐步扩大到其他工业生产性保税和商业性保税。1949 年中华人民共和国成立后，在当时的政治、经济条件下，保税制度基本停用。1978 年实行改革开放以后，为适应中国对外经济贸易的发展和改善投资环境的需要，保税制度逐步恢复，并不断扩大业务，实行了一些新的保税形式，保税制已成为中国发展对外经贸往来，扩大出口创汇，吸引外资的一项重要措施。

2）实行保税制度的几种形式

目前，世界上建立的具有保税功能的经济区域，因其政策目的有所不同，形式也不尽相同，如自由港、自由贸易区、自由区、出口加工区、保税区、保税仓库、保税工厂等。下面介绍几种主要保税形式。

（1）自由港

自由港又称“自由口岸”，是设在一国国境之内、海关管理关卡以外的允许外国货物、资金自由进出的港口区。进出港区的货物免征关税，准许在港区内进行改装、加工、长期储存或销售等业务活动。只有当货物转移到自由港所在国的课税地区时，才需缴纳关税。自由工业区、自由加工区、自由贸易区等都具有类似自由港的功能。

（2）自由贸易区

自由贸易区又称自由区、出口自由区、自由关税区、免税贸易区、免税区、自由贸易港、自由市、自由工业区、投资促进区及对外贸易区等。指在主权国家或地区的关境以外，划出特定的区域，准许外国商品豁免关税自由进出。实质上是采取自由港政策的关税隔离区。狭义仅指提供区内加工出口所需原料等货物的进口豁免关税的地区，类似于出口加工区。广义还包括自由港和转口贸易区。

（3）出口加工区

出口加工区是设在一国交通便利，划有一定范围，并提供相应设施的区域。在该区域内提供减免税等一系列优惠政策，以吸引外商投资，主要发展面向国际市场的出口加工业。

（4）保税仓库

保税仓库是为适应国际贸易中的时间和空间差异的需要而设置的特殊库区。货物进出该库区可免交关税。此外，保税仓库还提供其他的优惠政策和便利的仓储、运输条件，以吸引外商的货物储存和从事包装等业务。保税仓库的功能比较单一，主要是货物的保税储存一般不进行加工制造和其他贸易服务。

8.1.2　保税仓库的概念和作用

1）保税仓库的含义

随着国际贸易的不断发展及外贸方式多样化，世界各国进出口货运量增长很快,如进口原料、配件进行加工,装配后复出口、补偿贸易、转口贸易、期货贸易等灵活贸易方式的货物,进口时要征收关税,复出口时再申请退税,手续过于繁琐,也不利于发展对外贸易。如何既方便进出口,有利于把外贸搞活,又使未税货物仍在海关有效的监督管理之下,实行保税仓库制度就是解决这个问题的一把银匙。

保税仓库是保税制度中应用最广泛的一种形式,是指经海关核准的专门存放保税货物及其他未办结海关手续货物的仓库。保税货物是指经海关批准未办理纳税手续进境,在国内储存、加工、装配后复出境的货物。这类货物如在规定的期限内复运出境,经海关批准核销;如果转为内销,进入国内市场,则必须事先提供进口许可证和有关证件,正式向海关办理进口手续并缴纳关税,货物才能出库。

2)保税仓库的作用

①进口转出口的功能,以保税仓库作为中转站,可以将境外的货物在保税仓库暂存后,转向境外其他地区销售,类似香港的转口贸易。

②对部分到港后由于文件问题受到耽误的货物,可暂时转入保税仓库,一方面节约物流成本,另一方面对于货物管理和保持外包装良好有较大的保障。

③对于刚刚开始在国内起步的境外企业,可利用保税仓库储备安全库存,随时应对新客户的需求,将物流时间缩到最短。

小贴士

内地公司或工厂需要进口一批机器设备,但货柜到港后因单证问题不能及时申报,滞港产生大量费用,于是委托福汉兴公司把货柜拖至福保或盐田物流园保税仓库/堆场,存柜堆放,以节约大量费用。

点评:操作简化,费用降低

从这个案例你会更深刻的理解一个保税仓库的作用。

8.1.3 保税仓库的类型

保税仓库的形式在不断的发展，各国情况也不尽相同，主要介绍一下几种类型：

1)公用型保税仓库

公用型保税仓库是一种最普遍的保税仓储方式。它是根据公众需要设立的，可供任何人存放货物。建立公共型保税仓库的目的，一是有利于发展国际贸易；二是有利于企业加工生产，降低成本；三是有利于提高通关效率；四是有利于建立完善现代进出口物流中心。

2)自用型保税仓库

自用型保税仓库是指只有仓库经营人才能存放货物的保税仓库，但所存放货物并非必须属仓库经营人所有。

3)专用型保税仓库

保税仓库中专门用来存储具有特定用途或特殊种类商品的称为专用型保税仓库。

(1)液体危险品保税仓库

液体危险品保税仓库是指符合国家关于危险化学品仓储规定的，专门提供石油、成品油或者其他散装液体危险化学品保税仓储服务的保税仓库。

(2)备料保税仓库

备料保税仓库是指加工贸易企业存储为加工复出口产品所进口的原材料、设备及其零部件的保税仓库，所存保税货物仅限于供应本企业。

(3)寄售维修保税仓库

寄售维修保税仓库是指专门存储为维修外国产品所进口寄售零配件的保税仓库。

4)海关监管仓库

海关监管仓库是一种主要存放已经进境而无人提取的货物，或者因无证到货、单证不齐全、手续不全以及违反海关有关规定等，海关不予放行，而需要暂存在海关监管下的仓库等候处理的货物。海关监管仓库还可以存储已对外成交和结汇，但经海关批准暂不出境的货物。

这类保税仓库原来主要由海关自己管理，随着贸易量的不断增加，海关作为行政管理机构的行为逐渐规范,使这类保税仓库多交由仓储企业经营管理,海关则行使行政监管权。

8.1.4　保税仓库允许存放的货物

保税仓库是经海关批准,在海关监管下,专供存放进口货物的场所。保税仓库存放的商品范围包括:

(1)缓办纳税手续的进口商品

它包括寄售方式进口的维修零配件、免税外汇商品、保税生产资料市场所需的待销商品等。

(2)需要做进口技术处理的商品

有些商品由于不适合在进口国销售,需要进行包装装潢、加工处理等,则可在保税仓库内进行技术处理,待符合进口国要求后,再内销完税,不符合的则免税退回或转运其他国家。

(3)来料加工后复出口的货物

加工贸易(加工装配、进料加工)所需的备用料件加工贸易(加工装配、进料加工)所需的备用料件可以存放在保税仓库中。

(4)不内销而过境转口的商品

它包括外商集存、暂存的货物,转口贸易货物,国际航行船舶使用的燃料和零配件,免税店待销的免税商品等。

8.2　保税仓库作业流程

8.2.1 货物存入保税仓库的程序

保税仓库储存货物在保税仓库所在地进境时,由货主或其代理人向入境地海关申报,填写"进口货物报关单",在报关单上加盖"保税仓库货物"戳记,并注明"存入××保税仓库",经入境地海关查验放行后,货物所有人或其代理人应将货物存入保税仓库,并将两份"进口货物报关单"随货带交保税仓库经营人,保税仓库经营人应在核对报关单上申报进口货物与实际入库货物无误后,在报关单上签收,其中一份报关单连同保税仓库货物入库单据交回海关存查。

货物如在保税仓库所在地以外的口岸进境,则应由货主或其代理人先行办理转关运输手续。货物到达目的地后,货物所有人或其代理人应按上述手续向海关办理进口申报和入库手续。

8.2.2 货物在保税仓库内的存放

1)保税储存货物时间的限制

按照《中华人民共和国海关对保税仓库及所存货物的管理办法》的规定:保税仓库所存货物的储存期限为1年。如因特殊情况需延长储存期限的,应向主管海关申请延期,经海关核准的延长期限最长不能超过1年。所存货物期满超过3个月仍未转为正式进口或复运出口,按《海关法》的规定,由海关提取变卖处理,变卖所得价款在扣除运输、装卸、储存等费用和进口各税后,仍有余款的,自变卖之日起1年内,经货主申请并办理相关进口手续后予以发还,逾期无人申请的,上缴国库。

2)对保税货物在储存保管中的限制

①保税仓库应独立设置,专库专用,保税货物不得与非保税货物混放。保税仓库对所存货物应有专人管理,海关认为有必要时将会与仓库管理人员共同加锁。仓库经营人配合海关派员对仓库储存情况进行检查,对海关派员驻库监管,应提供便利。

②保税仓库所存货物属于海关监管货物,未经海关核准并按规定办理有关手续,仓库经理人及其他任何人均不得擅自出售、提取、交付、调换、抵押、转让或移作他用。

③货物在仓库储存期间发生短少或灭失,除不可抗力原因外,短少或灭失部分,由保税仓库经理人承担缴纳税款责任,并由海关按有关规定予以处理。

3)对保税储存货物处置的限制

保税货物在储存期间不得进行加工。但是对由于运输、保管或商业上的需要，在遵守存放规则的前提下，由保税仓库经营人，向海关提出申请，经海关同意，并在海关监管下，保税仓库经营人或货主可对货物进行以下处置：

①为保存货物所必需的搬运和处理，如除尘、防腐、防虫及防潮处理等；

②改善外观或商业性质的处理，如对货物进行分级、拆零、等；

③改善包装，如将大包装改为小包装，改换中性包装，加刷标记唛码等。

8.2.3　货物提出保税仓库

保税仓库储存货物按出库流向报关。

①转口售出或复运出境，办理出口报关手续。保税仓库储存货物在规定的时间内，复运出境时，货物所有人或其代理人应向保税仓库所在地海关申报，填写"出口货物报关单"并提交进口时经海关签章确认的"进口货物报关单"，经海关核实后予以验放有关货物，或按转关运输管理办法将有关货物监管至出境地海关验放出境。复出境手续办理后，海关在一份出口货物报关单上加盖印章退还给货物所有人或其代理人，作为保税仓库货物核销依据。如系转关运输出境则另一份报关单封入关封，随货带交出境地海关凭此办理验放出境。

②转入境内市场销售，办理正式进口报关手续。保税仓库储存货物转为进入国内市场销售时，货物的所有人或其代理人应事先报主管海关核准，并办理正式进口手续。对属于进口管制的货物(如属于实行进口配额、进口许可证管理、机电产品进口管理、特定商品进口管理以及其他进口管理的商品)，应向海关交验相应的许可证件，并应按照海关规定视进口货物的不同情况缴纳进口税费，其中对符合特定减免税条件的海关按照规定给予减免税；对保修期内免费维修有关进口产品所使用的保修零配件，海关凭维修报告书也可享受免税待遇。上述手续办理后，海关在进口货物报关单上加盖放行章。其中一份用以向保税仓库提取货物，另一份由保税仓库留存，作为保税仓库核销依据。

③转为加工贸易提取使用，办理进口保税加工提货手续。对从保税仓库提取货物用于进料加工、来料加工项目加工生产成品复出口时，经营加工贸易的单位，应首先按照进料加工或来料加工的程序办理。即应首先向外经贸主管部门申请加工贸易合同审批——向主管海关申请办理合同登记备案——向海关指定银行申请办理银行保证金台账——主管海关核发《加工贸易登记手册》。

经营加工贸易的单位凭《加工贸易登记手册》，并填写加工贸易专用《进口货物报关单》和《保税仓库领料核准单》，经海关审核后加盖放行章，其中一份凭以到保税仓库提货,另一份保税仓库留存,作为保税仓库核销依据。

④对运往境内保税区、出口加工区或者调往到其他保税仓库继续实施保税监管的,应向海关办理相应的海关手续。

8.3 我国的仓储保税制度

8.3.1 保税区

1)我国保税区概况

保税区亦称保税仓库区。这是一国海关设置的或经海关批准注册、受海关监督和管理的可以较长时间存储商品的区域。运入保税区的货物可以进行储存、改装、分类、混合、展览,以及加工制造,但必须处于海关监管范围内。其功能定位为"保税仓储、出口加工、转口贸易"三大功能。

1990年6月,经中央批准,在上海创办了中国第一保税区——上海外高桥保税区。1992年以来,国务院又陆续批准设立了14个保税区和一个享有保税区优惠政策的经济开发区,即天津港、大连、张家港、深圳沙头角、深圳福田、福州、海口、厦门象屿、广州、青岛、宁波、汕头、深圳盐田港、珠海保税区以及海南洋浦经济开发区。目前全国15个保税区隔离设施已全部经海关总署验收合格,正式投入运营。

随着中国加入WTO,全国保税区逐步形成区域性格局,南有以广州、深圳为主的珠江三角洲区域,中有以上海、宁波为主的长江三角洲区域,北有以天津、大连、青岛为主的渤海湾区域,三个区域的保税区成为中国与世界进行交流的重要口岸,并形成独特的物流运作模式。

2)我国保税区的特点

①为保证取得最佳经济效益,保税区均由政府机构承办,其建立和运转须经国务院及有关主管部门批准和控制。

②根据我国实际情况,保税区按照国际惯例运作。

③可集中开展对外贸易和对外加工行业的经营活动,海关和政府将提供方便。

④有利于商品的二次集散。

3)保税区的税收优惠

在我国的保税区内,除享有经济特区的一些优惠政策外,还能享受保税区的特殊政策。例如在天津,投资保税区的中外企业具体可享受以下的优惠政策。

①区内企业从国外进口自用的生产设备、建筑材料以及合理的办公用品等免

交关税和进口环节增值税。

②进出口货物进出天津港保税区可以视为进口或出口,用外汇进行结算并办理报关手续。

③境外与天津港保税区之间的货物交易可以免交关税和进口环节增值税,且不需办理许可证。

④企业所得税为25%;符合条件的小型微利企业,按20%的税率征收企业所得税;高新技术企业减按15%的税率征收企业所得税。

如何理解保税区的与其他经济区域的不同呢?下面以天津港保税区与区外的政策比较为例来帮助你更深层次地理解保税区的优惠政策,如表8.1所示。

表8.1　天津港保税区与区外的政策比较

序号		天津港保税区	区　外
1	公司设立	经营范围无限制(可设立集加工、贸易、仓储、商品展示为一体的综合性工贸企业)	企业设立前须确定经营范围(不可以兼营复数的行业)
2	加工贸易、外汇	1.企业可以保留出口所得外汇 2.不实行银行保证金台账制度	1.所得外汇收入必须结汇成人民币 2.实行银行保证金台账制度
3	自用设备等	区内企业从国外进口自用的生产设备、建筑材料以及合理的办公用品等免交关税和进口环节增值税	经有关部门批准,鼓励类项目的生产设备可以免交关税和进口环节增值税
4	仓库物流	1.物流设施以及进口运输设备等免交关税和进口环节增值税 2.区内所有的仓库都被认定为保税仓库	1.保税仓库资格的取得必须经海关批准 2.不能免交关税

8.3.2　保税仓库的申请设立

1)保税仓库的经营条件

保税仓库应当设立在设有海关机构、便于海关监管的区域,申请建立保税仓库应具备下列条件:

①经工商行政管理部门注册登记,具有法人资格。

②注册资本最低限额300万元人民币。

③具备向海关缴纳税款的能力。

④具有专门存储保税货物的经营场所。

⑤经营特殊许可商品存储的，应当持有规定的特殊许可证件。

⑥经营备料保税仓库的加工贸易企业，年出口额最低为 1 000 万美元。

⑦法律、行政法规、海关规章规定的其他条件。

建立保税仓库还应符合海关监管条件。如：仓库用于专门储存、堆放保税货物的场所应具有隔离、安全措施；有符合海关监管要求的保税仓库计算机管理系统并与海关联网；要符合有关国家对土地管理、规划、交通、消防、安全、质检环保等法律法规的规定；应建立符合海关规定的健全的仓储管理制度和详细的仓库账册；应配备经海关培训认可的专职管理人员；应符合海关规定的仓库面积或容积等。公用型保税仓库面积最低为 2 000 平方米；液体危险品保税仓库容积最低为 5 000 立方米；寄售维修保税仓库面积最低为 2 000 平方米。

具备上述经营条件和海关监管条件的仓库经理人，可向主管海关申请设立保税仓库。

2）保税仓库的海关注册（经营注册）

（1）注册申请

仓库经理人在其经营仓库具备了海关规定的仓储和管理条件后，应向主管海关提出注册申请，并提交下列文件资料：

①《保税仓库申请书》。应填明仓库名称、地址、负责人、管理人员、储存面积及存放货物的类别等内容。

②有关主管部门批准开展有关业务的批准文件，如寄售、维修文件等。

③ 经营单位的工商营业执照，如系租赁仓库经营的，还应提供仓库经营人的营业执照。

④其他有关资料如租赁仓库的租赁合同或协议、仓库管理制度等。

（2）配合海关勘查

海关接受设立保税仓库的注册申请后，对提交的文件资料进行审查，并派员到仓库现场进行实地勘查，确认申请内容的真实性。海关实地核查仓储设施、核定仓储面积和便利海关监管的措施；审核仓库专门账册的设置是否适用、科学、简便、符合海关要求等。仓库经理人应积极配合海关实地勘查。

（3）领取登记证书

海关经单证审核和实地勘查后，对符合经营条件和符合海关有关规定并具备海关监管条件、经理人亦能保证遵守海关对保税仓库的各项规定，承担应履行的义务的，由直属海关批准建立保税仓库，并颁发《保税仓库注册登记证书》。经理人可在海关批准的范围内经营保税储存业务。

建立保税仓库由主管海关接受申请并于20个工作日内进行初审,然后报直属海关审批。直属海关于20个工作日内审核批准设立保税仓库,批准文件有效期为一年。直属海关自批准设立保税仓库之日起30天内报海关总署备案。

【做一做】

一、经典案例阅读

深圳福田保税区

1. 背景情况

根据海关备案合同手册的要求,加工企业必须在规定期限内将其生产出的成品按比例(通常100%)销往海外,但往往这种直进直出方式生产出的产品并不能完全满足海外客户的要求,同时也使国内加工企业失去了对突发事件的应对能力,陷入被动。在保税区设立加工产品成品库,可以有效应对产品出口前所遇到的很多需要解决的问题。

(1)国内产品简单加工装配

某美国大型计算机销售公司分别从深圳、东莞、广州等6家加工工厂购买计算机机箱、显示器、键盘等计算机组件,然后装配并包装为整机后在美国本土销售。由于上述六家工厂均属加工企业,所生产产品均受海关监管,因此不能在国内非海关监管区域完成组装工序,以前都是分别出口至香港完成组装后再运抵美国或分别直运美国再进行组装,但由于香港、美国的人工费很高,这样一来大幅增加了成品的成本,后来该公司指令这六家工厂全部将产品运抵保税区,利用保税区廉价的劳动力完全装配包装,再以整机出口至美国,大大降低了成本。

(2)国外产品简单加工装配

某香港公司选择福田保税区仓库代替香港的工厂作为简单加工的场所,意大利的大理石经一号通道入境进仓,国内工人在这里挑选、分级、重新装箱,再运至香港的地盘。廉价的国内人工费仅是香港的1/8,该公司大大降低了成本,增加了产品的市场竞争力。

(3)国际采购中心

某跨国公司在国内有遍布各地的数十个原材料供货商,他选择了福田保税区作为东南亚地区的配送中心。每天用国内车辆将各地供货商的货品或转关或直接出口交货至保税区存放,而海外供货商的货品则由香港拖车经一号通道入境交至保税区。所有的货品在这里根据全球各地工厂的需要整理、重新包装后,装上集装箱交香港码头或转关至盐田/蛇口码头上船送达全球各地。

目前,以沃尔玛为代表的国际零售大鳄纷纷将其全球采购中心由马来西亚等地迁至中国的福田保税区,而IBM,SONY等国际高科技集团区域采购中心也争先恐后在福保抢滩圈地。

2. 案例评析

保税区是经国务院批准设立的新的经济性区域。由于保税区按照国际惯例运作,实行比其他开放地区更为灵活优惠的政策。既方便进出口,有利于把外贸搞活,又使未税货物仍在海关有效的监督管理之下,因此,保税区在发展建设开始就成为国内外客商密切关注的焦点。

案例思考题

1. 本案例中保税区有哪些经营模式?
2. 目前我国的保税区还有哪些经营模式?

二、实训活动

◎ 内容

保税仓库作业流程。

◎ 目的

通过模拟保税仓库各环节的操作,让学生能够更真实地体会其工作的内容及知道保税仓库的重要性。

◎ 人员

1. 实训指导:任课老师。
2. 实训编组:学生按8~10人分成若干组,每组选组长及记录员各1人。

◎ 时间

1~2课时

◎ 步骤

1. 由教师在校内组织安全教育。
2. 教师自行提供相关资料,分组后担任不同的角色,完成一次流程可以互换角色。

3.熟悉具体的作业流程，实训小结。

◎ 要求

利用业余时间，根据具体情况选择有一定代表性的保税仓库，了解其作业规程。通过实际的参观能更很好的掌握保税仓库的作业流程，学生更能将所学的知识运用到实际工作中。

◎ 认识

作为未来物流企业员工，深入了解实际工作的情况，为将来能够学以致用，做好本职工作有很大帮助的。

【任务回顾】

通过对仓储保税制度的学习，使我们初步掌握了保税制度、保税仓库和保税区的含义、内容及特点。通过对保税仓库的实训体验，了解了保税仓库的一般作业流程，深感保税仓库与仓储作业的不同。

【名词速查】

1.保税制度

保税制度是允许对特定的进口货物在入关进境后确定内销或复出口的最终去向前暂缓征缴关税和其他国内税，由海关监管的一种海关制度。

2.保税仓库

保税仓库是保税制度中应用最广泛的一种形式，是指经海关核准的专门存放保税货物及其他未办结海关手续货物的仓库。

3.保税区

保税区亦称保税仓库区。这是一国海关设置的或经海关批准注册、受海关监督和管理的可以较长时间存储商品的区域。

【任务检测】

一、单选题

1.保税仓库由（　　）批准设立。

A.海关总署　B.直属海关　C.隶属海关　D.国务院

2.保税区须经（　　）批准建立。

A.国务院　B.海关总署　C.省级人民政府　D.直属海关

3. 入境时已经实施检验的保税区内的货物输往非保税区的，以及从非保税区进入保税区的货物又输往非保税区的（　　）。

A. 分批核销　　B. 办理标签审核手续

C. 不实施检验　　D. 实施检验

4. 一批转口的货物于2006年6月1日进入某保税仓库储存，到2007年5月底因故没有出库，经海关批准延期3个月，但到期仍未出库。按规定海关对这批货物可以提取依法变卖的时间为（　　）。

A. 2007年8月底以后　　B. 2007年11月底以后

C. 2008年5月底以后　　D. 2008年8月底以后

5. 公用保税仓库面积最低为（　　）平方米。

A. 1 000　　B. 2 000　　C. 3 000　　D. 5000

二、多选题

1. 目前主要保税形式有（　　）。

A. 自由港　　B. 自由贸易区

C. 保税仓库　　D. 出口加工区

2. 目前，我国的保税仓库有（　　）。

A. 公用型保税仓库　　B. 自用型保税仓库

C. 自立保税仓库　　D. 专用型保税仓库

3. 按现行海关规定，下列哪些货物可允许存入保税仓库（　　）。

A. 由境内有经营权的外贸企业购买进口的进料加工业务备用料

B. 供应国际航行船舶的燃料和零配件

C. 以寄售方式进口，用于进口机电产品维修业务的维修零配件

D. 转口港澳的烟酒

4. 下列属于保税仓库设立的条件的是（　　）。

A. 具有企业法人的资格

B. 注册资本300万元人民币

C. 具备向海关缴纳税款的能力

D. 经营特殊许可商品存储的，应当持有规定的特殊许可证件

5. 经海关同意，并在海关监管下，保税仓库经营人对货物进行以下处置。下列说法正确的是（　　）。

A. 为保存货物所必需的搬运

B. 对货物进行商业性质的处理例如分级、拆零

C. 将大包装改为小包装

D. 根据实际需要对货物进行简单的加工

三、判断题

1. 经营保税仓库的企业注册资本最低限额为人民币150万元。（ ）

2. 保税仓库货物的保税期限从入库起到出库止,最长为1年,经海关批准可以延长1年 。（ ）

3. 可以在保税仓库内进行实质性加工。（ ）

4. 企业设立保税仓库应向仓库所在地主管海关提交书面申请,由主管海关初审,报海关总署审批。（ ）

5. 保税仓库货物为转口或退运到境外而出库的,由仓库的经理人或代理人按照一般出口货物报关程序办理出口报关,免纳出口税,免交出口许可证。（ ）

四、思考题

1. 保税仓库的作用?

2. 我国保税区的特点?

3. 保税仓库申请建立的条件?

参考答案

一、单项选择题

1. B　2. A　3. C　4. B　5. B

二、多项选择题

1. ABCD　2. ABD　3. ABCD　4. ABCD　5. ABC

三、判断题

1. ×　2. √　3. ×　4. ×　5. √

四、思考题

1. 保税仓库的作用?

①进口转出口的功能,以保税仓库作为中转站,可以将境外的货物在保税仓库暂存后,转向境外其他地区销售,类似香港的转口贸易。

②对部分到港后由于文件问题受到耽误的货物,可暂时转入保税仓库,一方面节约物流成本,另一方面对于货物管理和保持外包装良好有较大的保障。

③对于刚刚开始在国内起步的境外企业,可利用保税仓库储备安全库存,随时应对新客户的需求,将物流时间缩到最短。

2. 我国保税区的特点?

①为保证取得最佳经济效益,保税区均由政府机构承办,其建立和运转须经国

务院及有关主管部门批准和控制。

②根据我国实际情况，保税区按照国际惯例运作。

③可集中开展对外贸易和对外加工行业的经营活动，海关和政府将提供方便。

④有利于商品的二次集散。

3. 保税仓库的申请建立的条件？

①经工商行政管理部门注册登记，具有法人资格。

②注册资本最低限额300万元人民币。

③具备向海关缴纳税款的能力。

④具有专门存储保税货物的经营场所。

⑤经营特殊许可商品存储的，应当持有规定的特殊许可证件。

⑥经营备料保税仓库的加工贸易企业，年出口额最低为1 000万美元。

⑦法律、行政法规、海关规章规定的其他条件。

附　录

1. 仓储管理制度样式(共7章)

第一章 目的和范围

一、目的

为使××公司的仓库运作更加规范,保证公司资产的安全,特制定本制度。

二、范围

本制度适用于本公司办公用品库、原材料库、半成品库、成品库的管理。

第二章 仓库分区

一、仓库的分区

1)办公区

办公区系属仓库管理人员办公区域,严禁在办公区内放置与工作无关杂物,严禁将物料放置办公区内。仓库管理人员按"5S"标准对办公区进行整理、整顿、清理、清扫,保持办公区整洁美观。

2)物料区

物料区系属公司存货放置区域,仓库管理人员按物料特性对物料进行合理摆放、标识,制作及更新仓储物料储位图。仓库管理人员按"5S"标准对物料区进行整理、整顿、清理、清扫,保持物料区整齐美观,保障消防通道畅通无障碍物。

3)待处理区

(1)来料待检区

外协厂来料放置区域,仓库管理人员对来料按单进行核实物料名称、物料料号及数量。检验人员在待检区域对物料进行抽检。

(2)退货区。

①检验退货区。外协厂来料经检验为外协厂NG,仓库管理人员通知采购并办理退货作业。

②存货退货区。存货在使用过程中发现不良(系属外协厂造成的),仓库管理人员通知采购并办理退货作业,财务扣除该批物料货款。

4)进料区

(1)来料区

外协厂来料经检验人员检验OK物料放置区,仓库管理人员及时对物料办理入库作业。

(2)生产车间物料入库及多余物料退仓放置区

5)不良品区

存货经检验为不良品,需报废或加工的物料,仓库管理人员需办理物料库存转移作业,将物料移入不良品区域,严禁将不良品流入下一工序。

二、仓库平面图(略)

第三章　物料搬运、存储及保养

一、物料搬运作业原则

物料搬运时需视实际情况如物料的大小、数量的多少及堆放的高低等选用适当的工具或其他方法,并遵守以下原则:

(1)搬运时应保持通道畅通,注意安全并采取适当的搬运方式。

(2)视搬运物品的体积大小采用适当的搬运方式及搬运工具。如油压车、手推车或叉车等。

(3)零组件及易碎品在搬运时应避免碰撞。并注意防潮、防污,以确保其精密度,放置时必须轻拿轻放。

二、物料存储

(1)将制品按照生产过程在作业现场规划出不同区域,以作为各生产线在制品暂存管理的标识。

(2)储存设计的基本原则应考虑下列4项,以便于接收和发放工作的进行:

①流动性。较常使用的物品应储存于靠近接收及插搬运地区,以缩短作业人员往返时间的搬运成本。

②相似性。常一起使用的物品宜放在同一区域,以缩短时间。

③物品大小。储存设计时储存位置应按照存放物品的大小而给予适当的存放空间,以确保能充分利用空间。

④安全性。物品的保管应以安全为第一,如危险物品的存放应考虑一些安全措施,以维护库房及厂区安全。

(3)每一种物料都要有一固定的储位,并按照储位来放置物料,而且仓储部门应定期检查库存品储位是否正确,如有错误应查出原因,并注意防止错误状况再次发生。

三、物料存储注意事项

物料的存放如无特殊要求则按照物料的大小、高度、重量等采取适当有效的存放方法,一般标准如下:

(1)高度

堆放总高度一般限制3米以下,置放料架时每层不超过1.5米。

(2)重量

在放置物料时要考虑物料的重量,重者应尽量摆在下层,避免在存放物料时发生意外。

(3)温度、湿度

仓库储存物料时应考虑仓库室内的温度及湿度,以防止物料变质及改变物料性质。

(4)防潮、防尘

仓库储存物料时应注意保持室内整洁,防止物料受潮湿、灰尘的侵入,导致物料变性变质。

四、货品的保管与保养

根据不同类别、形状、特点、用途分库分区;保管要做到"三清""二齐""四定位"摆放。

(1)三清:材料清、数量清、规格清。

二齐:摆放整齐、库容整齐。

四定位:按区、按排、按架、按位定位。

(2)保管货品应做到"十不",即不锈、不潮、不冻、不霉、不腐、不变质、不挥发、不漏、不爆、不混。按货品保管技术要求,适当进行加垫、通风、清洗、干燥、定期涂油或重新包装,存放不当应及时改进。

第四章 货品入库验收

一、原材料(锌合金、码装)入仓作业流程:

(1)采购员完成采购任务,货到厂时仓库管理人员及时核对送货单货品与数量。货品数量不足的,仓库按实物数量进行实收。

(2)仓库管理人员通知物控(采购)确认货品是否与订单相符,确认无误后仓库管理人员开据《进货验收单》。

(3)仓库管理人员将《进货验收单》送交品检部门,检验员检验程序应严格按货品特点执行规定的检验程序,包括但不限于如下项目:

①产品数量。

②产品规格、重量。

③产品颜色。

④产品内在品质。

(4)产品经检验后,检验人员认真填写《进货验收单》,注明来料检验的情况和结果,作为仓库管理人员是否入库的依据。检验合格的物料仓库办理入仓作业,检验不合格物料办理退货作业。

二、外协厂货品的入库

(1)物料到厂时仓库管理人员及时核对送货单货品与数量。货品数量不足的,仓库按实物数量实收。

(2)仓库管理人员通知物控(采购)确认货品是否与订单相符,确认无误后仓库管理人员开据《进货验收单》。

将供应商送货单和请购单进行核对，并区别以下情况处理：

①货品品种、规格不一致的，则应办理退货。

②货品数量不足的，则应通知供应商补足。

③货品数量超过的，则应办理退货。

(3)仓库管理人员将《进货验收单》送交品检部门，检验员检验程序应严格按货品特点执行规定的检验程序。

(4)产品经检验后，检验人员认真填写《进货验收单》，注明来料检验的情况和结果，作为仓库管理人员是否入库的依据。凡经检验不合格，通知供应商办理退货。品质凡经检验合格的，仓库办理入库作业。

(5)货品经上述程序可以正常入库后，仓库管理人员填写完《进货验收单》，并在入库单上签名，办理入库手续。《进货验收单》一式四联，一联存根、一联交物控、一联交财务、一份检验员留存。

(6)货品验收后一段时间内若发现问题，仓库管理人员应立即通知采购(物控)与供货单位交涉，办理退货或索赔手续。

(7)外购货品应按货品属性，分别归入原料仓、物料仓和辅料仓。

三、自制成品入库

(1)公司自制的成品(指可以单独出货之物料)，由生产车间将成品物料按正规包装(须注明物料名称、料号、数量)，填写《入库单》交物控部门审核后入仓，并按本制度有关品质检验的规定处理。

(2)公司自制的成品经上述程序可以正常入库后，由仓库管理人员办理入库手续。

(3)《入库单》一式四联，第一联：物控；第二联：财务；第三联：仓库；第四联：生产车间。

四、自制半成品入库

(1)公司自制的半成品(指待加工物料)，公司之半成品需加工(如抛光、电镀、烧焊、喷油等)由生产车间按生产计划物料需求委外加工，物料需求多余半成品由生产车间将半成品物料按正规包装(须注明物料名称、料号、数量、日期)，填写《入库单》交物控部门审核后入仓，并按本制度有关品质检验的规定处理。

(2)公司自制的成品经上述程序可以正常入库后，由仓库管理人员办理入库手续。

(3)《入库单》一式四联，第一联：物控；第二联：财务；第三联：仓库；第四联：生产车间。

五、入库流程

入库验收的具体流程略。

第五章　货品出库

一、原、辅料出库管理

(1)生产部门依生产需要进行领料时，仓管员发料时应按主管部门(物控)批准的《领料单》及计划限额进行发料。领料单一式四份，一份存根、一份仓库记账、一份交财务、一份领料部门。

(2)仓管员发料时一律实行先进先出(FIFO)原则，先进库的先发。

(3)有下列情形之一者，不准出库：

①凭单印签不符不全，批准手续不符。

②凭单字据不清或被涂改。

③未验收入库货品。仓库管理人员应对保质负责，严禁发出不合格货品。

二、成品出库管理

(1)产品成品出库时，必须按业务部门签发、财务部门确认的"销货单"，方可办理成品出库手续。仓库管理人员填写"出库单"，由收货人签名。出库单一式四份，一份物控、一份仓库记账、一份交财务、一份交业务。

(2)有下列情形之一者，不准发货：

①凭单印签不符不全，批准手续不符。

②凭单字据不清或被涂改。

③未验收入库货品。

三、半成品出库管理

(1)仓库半成品物料委外时，必须按物控部门签发确认的《委外加工单》，方可办理半成品出库手续。仓库管理人员以《委外加工单》作为扣减账目依据。

(2)仓库半成品物料发车间加工(组装)，由车间开据《领料单》交物控部门工作人员及相关权限人员签核后，凭单到仓库领料。

(3)《领料单》一式四份：一份物控、一份财务、一份仓库、一份领料部门。

(4)有下列情形之一者，不准发货。

①凭单印签不符不全，批准手续不符。

②凭单字据不清或被涂改。

③未验收入库货品。

三、出库流程(略)

四、退库管理

(1)原辅料及车间多余物料(半成品、成品)件因未使用完而需退仓的，生产车间开据《退仓单》，财务上作为领料的减项处理，仓库作为增加账目依据。

(2)物料退仓，退料部门应按正规包装(须注明物料名称、料号、数量、日期)，填写《退仓单》交物控部门审核后入仓，并按本制度有关品质检验的规定处理。

(3)由品检部门确认为不良品物料,退料部门开据《退仓单》退入不良品仓。

(4)客户因各种原因成品需退库的,仓库应填写“退仓单”,财务上作为出库的减项处理。

(5)成品已出库但因质量原因需返修的,由业务部门向生产部门下达产品维修单,产品修好后由业务部门负责配送,仓库不做处理。

五、物料库存转移管理

(1)公司物品如需从一个仓库调拨到另一个仓库,仓管员需填写《库存转移单》,并经权限部门负责人核准后方可进行实物的实物转移。

(2)《库存转移单》一式四联:一份仓库,一份财务,一份物控,一份接收单位。

第六章　盘点及账务处理

一、盘点、盘盈、盘亏和报废处理

(1)保管员应坚持实地盘点法,每月进行一次抽查盘点,每年进行一次全面盘点,盘点应做到:

①盘点时发现盘盈或盘亏应重复一次,重新核实,并分析原因,提出改进意见或措施,做好记录。

②检查安全防火设施和措施器材等,发现问题及时向部门负责人汇报并采取防范措施。

③清仓盘点中发生的盘盈、盘亏应由保管员查明真实原因,及时报告领导。

(2)盘盈、盘亏的处理

①盘点清查出的盘盈、盘亏物品,由保管员查明原因,填写《库存调整单》报领导批准后,及时进行账务处理。

②《库存调整单》一式三份:一份物控,一份财务,一份仓库。

二、账务处理

(1)保管员应建立账册,并按“会计制度”的规定要求做好账务处理工作。

(2)仓库存货要确保账、卡、物三相符,货品收支与结存要保持平衡。

(3)每月3号前填报库存盘点月报表,报有关部门负责人或主管总经理(副总经理)。

第七章　附　则

本制度经公司总经理核准后于　　年　　月　　日起实施。

2. 包装储运图示标志

GB 191—2000

国家质量技术监督局 2000-07-17 批准 2001-05-01 实施

前　言

本标准等效采用国际标准 ISO 780—1997《包装——搬运图示标志》。

包装标志标准是基础性标准，因此应尽可能与国际标准一致，以尽快适应国际贸易的需要。

相对于 GB 191—1990，本标准中有以下几点做了适当的修改。

1. 依据新的国际标准，将标志由原来的 12 个增加到 17 个，考虑到标准使用的方便性，将个别标志的使用方法在标准中加以说明。

2. 本标准主要包括标志图形、颜色、尺寸以及标志的使用方法。

本标准自实施之日起，代替 GB 191—1990《包装储运图示标志》。

本标准由中国包装总公司提出。

本标准由全国包装标准化技术委员会归口。

本标准主要起草单位：铁道部标准计量研究所。

本标准参加起草单位：交通部标准计量研究所、全军包装工作办公室、中国出口商品包装研究所、机械部机械科学研究院。

本标准主要起草人：张锦、熊才启、郭宝华、李建华、黄雪。

本标准 1963 年 10 月首次发布，1973 年 9 月第一次修订，1985 年 6 月第二次修订，1990 年 12 月第三次修订。

ISO 前言

国际标准化组织（ISO）是各国国家标准化机构（ISO 成员团体）共同组织的世界性联合机构。国际标准的制订工作是由 ISO 各技术委员会进行的。每一成员团体都有权派代表参加其所关心课题的技术委员会。各政府性或非政府性的国际组织，凡与 ISO 有联系的，也都参加这项工作。有关电工标准化方面的内容，ISO 与国际电工委员会紧密合作。

技术委员会通过的国际标准，在 ISO 理事会采纳为国际标准以前，先分发给各成员团体征求意见。按 ISO 程序,至少应有 75% 成员团体投票通过。

ISO 780 国际标准是由 ISO/TC 122 包装技术委员会制订的。

此第四版取消和代替了第三版(ISO 780:1985),作了技术性修改。

本标准中的附录 A 只作为提示性文件。

1. 范围

本标准规定了包装储运图示标志的名称、图形、尺寸、颜色及使用方法。

本标准适用于各种货物的运输包装。

2. 标志的名称和图形

图示标志共 17 种,其名称和图形见表 1。

3. 标志的尺寸和颜色

3.1 标志的尺寸

标志尺寸一般分为 4 种,见表 2。

如遇特大或特小的运输包装件,标志的尺寸可以比表 2 的规定适当扩大或缩小。

3.2 标志的颜色

标志颜色应为黑色。

如果包装的颜色使得黑色标志显得不清晰,则应在印刷面上用适当的对比色,最好以白色作为图示标志的底色。

应避免采用易于同危险品标志相混淆的颜色。除非另有规定,一般应避免采用红色、橙色或黄色。

4. 标志的使用方法

4.1 标志的打印

可采用印刷、粘贴、拴挂、钉附及喷涂等方法打印标志。印刷时,外框线及标志名称都要印上,喷涂时,外框线及标志名称可以省略。

4.2 标志的数目和位置

4.2.1 一个包装件上使用相同标志的数目,应根据包装件的尺寸和形状决定。

4.2.2 标志在各种包装件上的粘贴位置:

A. 箱类包装:位于包装端面或侧面。

B. 袋类包装,位于包装明显处。

C. 桶类包装:位于桶身或桶盖。

D. 集装单元货物:应位于 4 个侧面。

4.2.3　下列标志的使用应按如下规定:

A. 标志 1“易碎物品”应标在包装件所有 4 个侧面的左上角处(见表 1 标志 1 的使用示例)。

B. 标志 3“向上”应标在与标志 1 相同的位置上(见表 1 中标志 3 示例 a 所示)。当标志 1 和标志 3 同时使用时,标志 3 应更接近包装箱角(见表 1 标志 3 示例 b 所示)。

C. 标志 7“重心”应尽可能标在包装件所有 6 个面的重心位置上,否则至少也应标在包装件 4 个侧、端面的重心位置上(见表 1 标志 7 的使用示例)。

D. 标志 11“由此夹起”:

只能用于可夹持的包装件;

标志应标在包装件的两个相对面上;以确保作业时标志在叉车司机的视线范围内。

E. 标志 16“由此吊起”至少贴在包装件的两个相对面上(见表 1 标志 16 的使用示例)。

表 1　标志名称和图形

序号	标志名称	标志图形	含　义	备注/示例
1	易碎物品		运输包装件内装易碎品,因此搬运时应小心轻放	见 4.2.3a 使用示例: 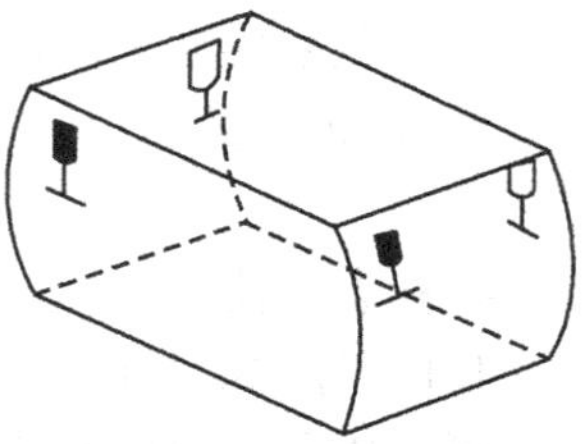
2	禁用手钩		搬运运输包装件时禁用手钩	

续表

序号	标志名称	标志图形	含　义	备注/示例
3	向　上		表明运输包装件的正确位置是竖直向上	见 4.2.3b 使用示例： 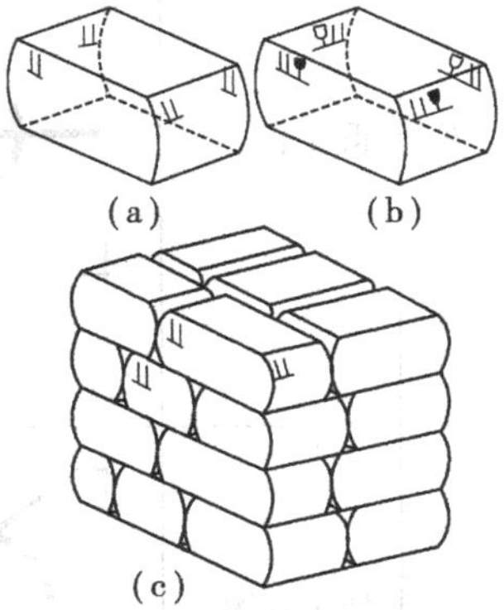
4	怕　晒		表明运输包装件不能直接照晒	
5	怕辐射		包装物品一旦受辐射便会完全变质或损坏	
6	怕　雨		包装件怕雨淋	

续表

序号	标志名称	标志图形	含　义	备注/示例
7	重　心		表明一个单元货物的重心	见4.2.3c 使用示例： 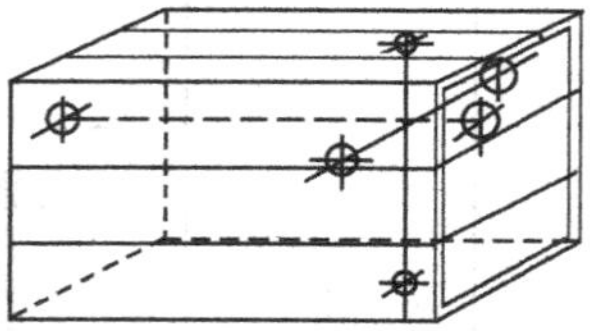 本标志应标在实际的重心位置上
8	禁止翻滚		不能翻滚运输包装	
9	此面禁用手推车		搬运货物时此面禁放手推车	
10	禁用叉车		不能用升降叉车搬运的包装件	
11	由此夹起	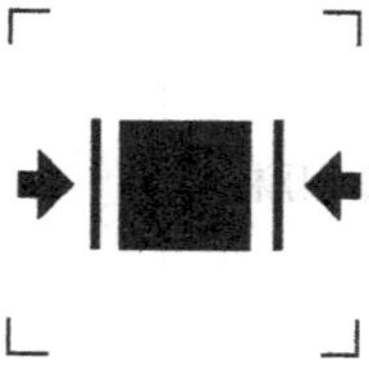	表明装运货物时夹钳放置的位置	见4.2.3d

续表

序号	标志名称	标志图形	含 义	备注/示例
12	此处不能卡夹		表明装卸货物时此处不能用夹钳夹持	
13	堆码重量极限	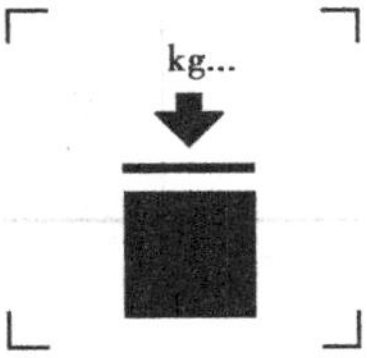	表明该运输包装件所能承受的最大重量极限	
14	堆码层数极限	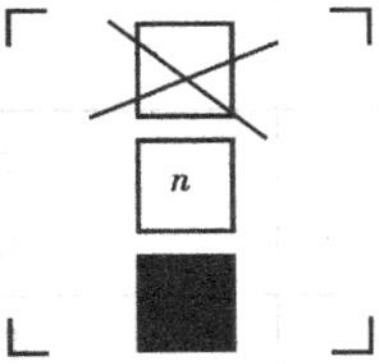	相同包装的最大堆码层数，n 表示层数极限	
15	禁止堆码	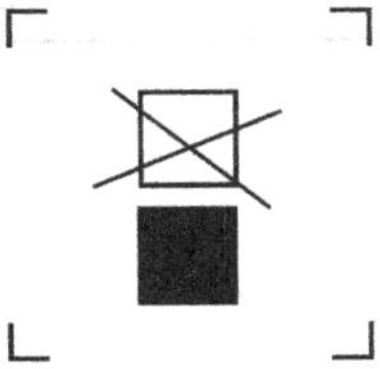	该包装件不能堆码并且其上也不能放置其他负载	
16	由此吊起	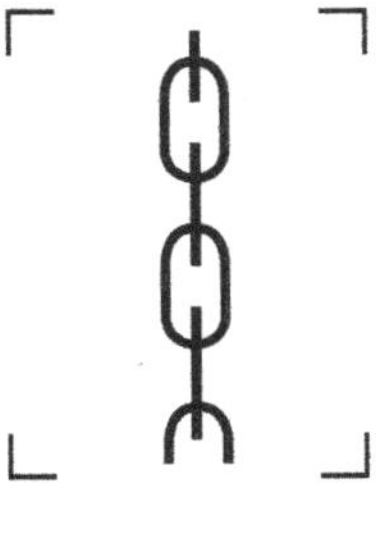	起吊货物时挂链条的位置	见 4.2.3c 使用示例： 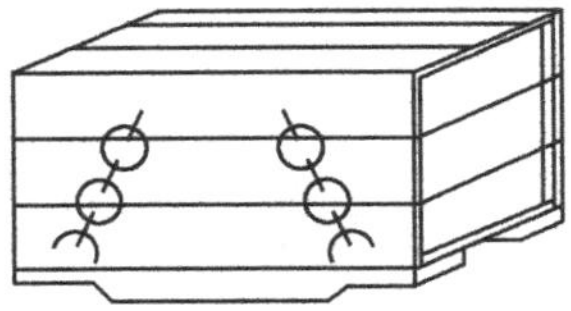 本标志应标在实际的起吊位置上。

续表

序号	标志名称	标志图形	含　义	备注/示例
17	温度极限		表明运输包装件应该保持的温度极限	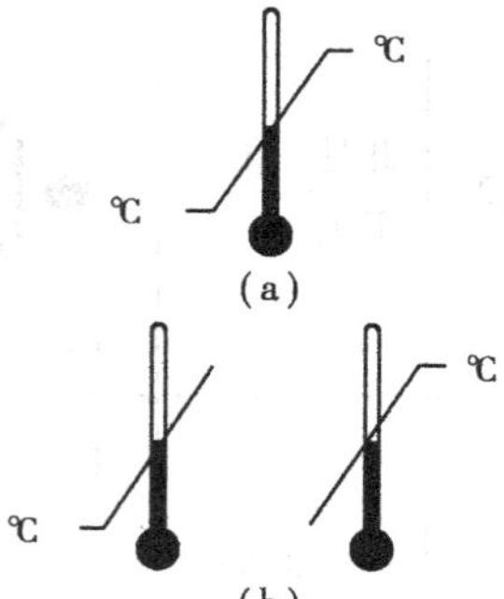

表 2　标志尺寸　　单位：毫米

序　号 \ 尺　寸	长	宽
1	70	50
2	140	100
3	210	150
4	280	200

3. 危险货物包装标志

（GB 190—1990）

1. 主要内容与适用范围

本标准规定了危险货物包装图示标志（以下简称标志）的种类、名称、尺寸及颜色等。

本标准适用于危险货物的运输包装。

2. 引用标准 GB—6944 危险货物分类和品名编号 GB—12268 危险货物品名表

3. 标志的图形和名称

标志的图形共 21 种，19 个名称，其图形分别标示了 9 类危险货物的主要特性（见表 3）。

标志图形须符合标志 1 ~21 的规定（见表 3）。

表 3　标志图形和名称

标志号	标志名称	标志图形	对应的危险货物类项号
标志 1	爆炸品	 （符号：黑色，底色：橙红色）	1.1 1.2 1.3
标志 2	爆炸品	 （符号：黑色，底色：橙红色）	1.4
标志 3	爆炸品	 （符号：黑色，底色：橙红色）	1.5

续表

标志号	标志名称	标志图形	对应的危险货物类项号
标志 4	易燃气体	 （符号：黑色或白色，底色：正红色）	2.1
标志 5	不燃气体	 （符号：黑色或白色，底色：绿色）	2.2
标志 6	有毒气体	 （符号：黑色，底色：白色）	2.3
标志 7	易燃液体	 （符号：黑色或白色，底色：正红色）	3

续表

标志号	标志名称	标志图形	对应的危险货物类项号
标志 8	易燃固体	 （符号:黑色,底色:白色红条）	4.1
标志 9	自燃物品	 （符号:黑色,底色:上白下红）	4.2
标志 10	遇湿易燃物品	 （符号:黑色或白色,底色:蓝色）	4.3
标志 11	氧化剂	 （符号:黑色,底色:柠檬黄色）	5.1

续表

标志号	标志名称	标志图形	对应的危险货物类项号
标志 12	有机过氧化物	 （符号：黑色，底色：柠檬黄色）	5.2
标志 13	剧毒品	 （符号：黑色，底色：白色）	6.1
标志 14	有毒品	 （符号：黑色，底色：白色）	6.1
标志 15	有害品 （远离食品）	 （符号：黑色，底色：白色）	6.1

续表

标志号	标志名称	标志图形	对应的危险货物类项号
标志 16	感染性物品	 （符号：黑色，底色：白色）	6.2
标志 17	一级放射性物品	 （符号：黑色，底色：白色，附 1 条红竖条）	7
标志 18	二级放射性物品	 （符号：黑色，底色：上黄下白，附 2 条红竖条）	7
标志 19	三级放射性物品	 （符号：黑色，底色：上黄下白，附 3 条红竖条）	7

续表

标志号	标志名称	标志图形	对应的危险货物类项号
标志 20	腐蚀品	（符号：上黑下白，底色：上白黑下）	8
标志 21	杂类	（符号：黑色，底色：白色）	9

注：表中对应的危险货物类项号及各标志角号是按 GB 6944 的规定编写的。

4.　标志的尺寸、颜色

4.1　标志的尺寸

标志的尺寸一般分为 4 种，见表 4。

表 4　标志的尺寸

尺寸号别	长	宽
1	50	50
2	100	100
3	150	150
4	250	250

注：如遇特大或特小的运输包装件，标志的尺寸可按规定适当扩大或缩小。

4.2　标志的颜色

标志的颜色按标志 1～21 规定。

5.　标志的使用方法

5.1 标志的标打，可采用粘贴、钉附及喷涂等方法。

5.2 标志的位置规定如下：

箱状包装：位于包装端面或侧面的明显处。

袋、捆包装：位于包装明显处。

桶形包装：位于桶身或桶盖。

集装箱、成组货物：粘贴4个侧面。

5.3 每种危险品包装件应按其类别贴相应的标志。但如果某种物质或物品还有属于其他类别的危险性质，包装上除了粘贴该类标志作为主标志以外，还应粘贴表明其他危险性的标志作为副标志，副标志图形的下角不应标有危险货物的类项号。

5.4 储运的各种危险货物性质的区分及其应标打的标志，应按GB 6944、GB 12268及有关国家运输主管部门规定的危险货物安全运输管理的具体办法执行，出口货物的标志应按我国执行的有关国际公约（规则）办理。

5.5 标志应清晰，并保证在货物储运期内不脱落。

5.6 标志应由生产单位在货物出厂前标打，出厂后如改换包装，其标志由改换包装单位标打。

附加说明：

本标准由中华人民共和国铁道部提出。

本标准由铁道部标准计量研究所归口和负责起草。

本标准1963年10月首次发布，1973年9月第一次修订，1985年6月第二次修订。

本标准主要起草人张锦、王巨钢。

本标准委托铁道部标准计量研究所负责解释。

参考文献

[1] 王之泰. 新编现代物流学[M]. 北京:首都经济贸易大学出版社,2005.

[2] 孟初阳. 物流设施与设备[M]. 北京:机械工业出版社,2003.

[3] 鲁晓春,吴志强. 物流设施与设备[M]. 北京:清华大学出版社;北京交通大学出版社,2005.

[4] 邬星根. 仓储与配送管理[M]. 上海:复旦大学出版社,2005.

[5] 蒋祖星,孟初阳. 物流设施与设备[M]. 北京:机械工业出版社,2004.

[6] 郑克俊,朱海鹏. 仓储与配送管理[M]. 北京:科学出版社,2005.

[7] 杨世胜. 质量控制和库存管理系统使用手册[M]. 上海:上海科学技术出版社,1986.

[8] 张晓川. 现代仓储物流技术与装备[M]. 北京:化学工业出版社,2003.

[9] 杨凤祥. 仓储管理实务[M]. 北京: 电子工业出版社,2005.

[10] 邓爱民等. 物流设备与运用[M]. 北京:人民交通出版社,2003.

[11] 梁军. 仓储管理实务[M]. 北京:高等教育出版社,2003 年.

[12] 丁立言,张铎. 仓储规划与技术[M]. 北京:清华大学出版社,2002.

[13] 刘莉. 仓储管理实务[M]. 北京:中国物资出版社,2006.

[14] 孙宏岭,武文斌. 物流包装实务[M]. 北京:中国物资出版社,2003.

[15] 陈百建. 物流实验实训教程[M]. 北京:化学工业出版社,2006.

[16] 陈百建. 物流管理实务[M]. 北京:化学工业出版社,2007.

[17] 李永生,郑文岭. 仓储与配送管理[M]. 北京:机械工业出版社,2004.

[18] 宋玉,仓储实务[M]. 北京:对外经济贸易大学出版社,2005.

[19] 徐杰,田源. 采购与仓储管理[M]. 北京:清华大学出版社,北京交通大学出版社,2004.

[20] 赵涛. 物流企业规范化全书. 北京:电子工业出版社,2008.

[21] 张洪革,李忠国. 物流仓储与配送管理[M]. 北京:中国劳动社会保障出版社,2006.

[22] 窦志铭. 物流商品养护技术[M]. 北京:人民交通出版社,2006.
[23] 鲁晓春,林正章. 物流管理案例与实训[M]. 北京:清华大学出版社,2005.
[24] 李永生,郑文岭. 仓储与配送管理[M]. 北京:机械工业出版社,2008.
[25] 钱智. 物流管理经典案例剖析[M]. 北京:中国经济出版社,2006.
[26] 李洪奎. 仓储管理[M]. 北京:机械工业出版社,2006.
[27] 劳动和社会保障部教材办公室. 仓储基础知识和技能[M]. 北京:中国劳动和社会保障出版社,2006.
[28] 钱芝网. 仓储管理实务情景实训[M]. 北京:电子工业出版社,2008.
[29] 施国洪,钱芝网. 仓储管理实务[M]. 北京:中国时代经济出版社,2007.
[30] 刘毅. 仓储作业实务[M]. 北京:机械工业出版社,2006.